2021

世界开放报告

World Openness Report

中国社会科学院世界经济与政治研究所
虹 桥 国 际 经 济 论 坛 研 究 中 心
著

中国社会科学出版社

图书在版编目（CIP）数据

世界开放报告. 2021 / 中国社会科学院世界经济与政治研究所，虹桥国际经济论坛研究中心著. —北京：中国社会科学出版社，2021.11

ISBN 978-7-5203-9261-7

Ⅰ. ①世… Ⅱ. ①中… ②虹… Ⅲ. ①对外开放—研究报告—世界—2021 Ⅳ. ①F114

中国版本图书馆CIP数据核字（2021）第206905号

出 版 人 赵剑英
责任编辑 刘凯琳 白天舒
责任校对 师敏革
责任印制 王 超

出 版 中国社会科学出版社
社 址 北京鼓楼西大街甲 158 号
邮 编 100720
网 址 http://www.csspw.cn
发 行 部 010－84083685
门 市 部 010－84029450
经 销 新华书店及其他书店

印刷装订 北京明恒达印务有限公司
版 次 2021年11月第1版
印 次 2021年11月第1次印刷

开 本 880×1230 1/16
印 张 12.25
字 数 202千字
定 价 188.00元

凡购买中国社会科学出版社图书，如有质量问题请与本社营销中心联系调换
电话：010－84083683

目　录

序　言

让开放的阳光照耀人类前行的路

人类发展史昭示：**开放是国家繁荣发展的必由之路，是解决时代难题的关键一招，是人类文明进步的动力之源**。但2020年以来，新冠肺炎疫情全球大流行，加剧了2008年后的逆全球化势头。世界开放处于十字路口，是前进还是后退？是开放还是封闭？是守望相助还是以邻为壑？如何破解这些难题，关乎各国自身利益，关乎世界共同福祉，关乎人类前途命运。

一　历史之鉴

在漫长的世界经济史上，虽然各国的发展历程起起伏伏，但对外开放始终是人类社会前行的车轮、进步的源泉。**经济大繁荣得益于对外开放**。正如麦迪森在《世界经济千年史》中所说，人类社会经济增长的一个重要因素，就是贸易及资本流通。从16世纪的安特卫普，到17世纪的阿姆斯特丹、19世纪的伦敦，再到20世纪的纽约，这些地区的繁荣，与新航路开辟带来的对外贸易密不可分。**思想大交流得益于对外开放**。古老的丝绸之路上，有口念佛经的僧人，有手拿圣经的传教士。如果没有东西方的互学互鉴，中国的四大发明就难以穿越欧亚大陆，欧洲也不会于1456年就用活字印刷，出版了第一本印制书籍——《谷登堡圣经》（*Gutenberg Bible*），催生西方近代文明。同样，西方的“德先生”和“赛先生”，加快了东方及中国的现代化进程。**和平大趋势得益于对外开放**。法国经济学家巴师夏曾评论到，“不是商品走出去，就是士兵走出去”。17世纪三次英荷战争、18世纪美国独立战争，皆与贸易有关。中国古代明朝与北元政权打打停停，榷场贸易一旦开放，就会带来边境的和平安宁。欧洲共同市场的创建，对结束贯穿几个世纪的欧洲内战，居功至伟。**第二次世界大战后，商品“走出去”持续扩大，成为维护世界和平的稳定器**。

在历史演进的规律探寻中，对外开放始终是经济学家研究的一个重大课题。古典经济学开山之作《国富论》中，亚当·斯密提出，专业化分工是提高劳动生产率的源泉，探讨了绝对优势与自由贸易的关系。之后，大卫·李嘉图提出比较优势原理，奠定了国际贸易理论的基础。当代经济学家又不断发展完善，形成了赫克歇尔–俄林理论，强调资源禀赋对国际分工的重要作用。同时，海默发展垄断优势理论，成为国际直接投资理论的先驱。邓宁博采众长，阐释国际生产折中理论和投资发展阶段理论，论述了生产全球化的发展规律。不同时期的经济学家，相继刻画分工、市场、商品、要素的全球化趋势，都具有时代价值。

其他学科也有力支撑了开放理论，如物理学中的“熵定律”认为，开放系统可以不断与外部交换能量，使熵值减少，走向健康和有序；反之，封闭系统使熵值增大，系统走向无序和消亡。所以，开放让商品、资本、人员、知识和信息在世界自由流动，结果自然就是“开放带来进步，封闭必然落后”。

无论是作为理论还是实践，市场经济本质是开放经济，全球市场经济是一个开放系统，这既是当前不争的事实，也是对未来的美好期许。马克思和恩格斯极具远见地指出，“资产阶级，由于开拓了世界市场，使一切国家的生产和消费都成为世界性的了”，“单是大工业建立了世界市场这一点，就把全球各国的人民，尤其是各文明国家的人民，彼此紧紧地联系起来”。**当今世界，不仅生产、消费具有开放性，而且精神、文化也具有开放性。人的自由全面发展，离不开更加开放的世界**。

二　时代之问

阳光与阴影总是相伴相生，动力与阻力总是相依相随。经济全球化是不可逆转的历史大势，但“逆全球化”也如影随形。究其根源，一方面，科技革命大发展，市场分工大拓展，推动生产力快速发展，全球化加速向前，动力更足；另一方面，全球发展失衡，贫富鸿沟扩大，世界基尼系数高达0.7左右，全球治理赤字，全球化阻力增大。同时，有的国家即使在全球化中获益，但漠视贫富差距，国内政策调节不足，**生产关系变革滞后于生产力发展，上层建筑不适应新的经济基础**，民族主义、民粹主义抬头，加剧了逆全球化声浪。

特别是2020年以来，新冠肺炎疫情全球大流行，重创全球生产，削弱世界需求，全球供应链、产业链、价值链遭受割裂，系统性风险增大。不少国家开始向内转，本土化、区域化、安全化势头明显，单边主义、保护主义持续升温，各自为阵、甩锅推责成为常态，危及自由贸易和全球化进程。当今世界正处于“百年未有之大变局”，面对共同困境，歧路徘徊之际，有识之士不禁要问：**全球化是该向前还是向后，世界各国是要拉手还是松手，是自己优先还是人类优先？**

对此，世界各国都在寻找自己眼中的最佳答案，有共享也有独享，有帕累托最优也有自己最优，有人类优先也有本国优先。中国也在积极贡献智慧，习近平主席2013年提出建设“开放型世界经济”的中国方案，2017年在达沃斯论坛上为经济全球化校正航向，2020年在二十国集团（G20）特别峰会上提出全面加强国际合作，体现了守望相助、天下一家的宽广胸怀。

“火炬会互相点燃。”面对全球化逆流，世界各国只有扩大共识、增强信心、积极行动，才可能相向而行、共克时艰。要增加全球化动力、减少阻力，国际社会有待双管齐下：**国际层面**，“独行快，众行远”，强化各国开放合作，推动公正的全球经济治理，增加治理机制的“发展”含量，做大“蛋糕”与分好“蛋糕”并重；**国家层面**，“自己孩子自己抱”，强化宏观调控与转移支付，缩小国内贫富差距，增强参与经济全球化的动力与能力。

各国皆有责任为历史进步添砖加瓦，共同促进国内发展与世界发展的“双重平衡”。**那些观望者、甩锅者和以邻为壑者，将失去世界并最终失去自己；那些行动者、担当者、立己达人者，将会发展自己并造福世界。**

三　世界之势

“行之力则知愈进，知之深则行愈达。”我们推出专项研究成果《世界开放报告》，回顾历史，总结实践，展望未来，尝试全景扫描世界开放大势，权衡全球开放进度，剖析开放发展难点，提出开放共享对策，**旨在形成世界共同扩大开放的共识，汇聚全球自由开放的正能量，形成良性“自我实现的预言”。**

“世界开放指数”是本报告核心成果，也是主要创新。如何描述世界经济的开放水平，分析其走势、阐释其原因、探究其影响，一直是政商学界和大众关注的焦点。在汲取世界同仁智慧与成果的基础上，我们研究、编制并发布这一指数，**目的是衡量世界开放水平，展示各国开放“进退”，提供前瞻性开放政策指引，形成世界扩大开放的共识**，推动全球化正向演进，共建开放型世界经济，共建人类命运共同体，建设一个持久和平、普遍安全、共同繁荣、开放包容、清洁美丽的世界。

这一指数的**创新之处**在于方法论：既兼顾了开放原因和开放绩效，运用专家调查法赋权开放政策和开放绩效，又兼顾了对内开放和对外开放，统筹要素入境和要素出境，体现较高的代表性和较广的应用前景。该指数的**测度范围**：分为开放政策和开放结果两个维度，共5项分指标、29个具体指标，覆盖2008—2019年129个经济体，包括经济、社会、文化三大领域的跨境开放。

开放指数的**测度结果**：**经济增长同开放发展显著正相关，经济发展水平越高，开放度也越高；如果政策得当，经济发展与开放水平就会良性互动，大开放就会推动大发展**。这既是扩大开放就能“打通血脉”、世界经济得以繁荣的明证，也是孤立封闭就会“气滞血瘀”、世界经济发展维艰的警示。

——**开放水平**上，各经济体的开放度和经济发展阶段同步变动，尤其在高收入阶段，开放指数线与人均收入趋势线高度拟合，二者关系更趋稳定。2019年，开放度排名前10位的均为发达经济体，依次为新加坡、德国、中国香港、爱尔兰、英国、瑞士、荷兰、法国、加拿大、马耳他。

——**开放趋势**上，从整体看，2008年国际金融危机后开放指数开始下行，2013年有所反转，随后再次明显下滑。多数经济体开放指数上升，2008—2019年，129个经济体中的102个（79.1%）经济体扩大了开放。部分经济体特别是一些发达经济体降幅较大，其中美国降幅达到17.8%。

——**区域开放**上，开放度自高而低依次为欧洲与中亚、北美、东亚与太平洋、拉美与加勒比、中东与北非、南亚、撒哈拉以南非洲地区。2008—2019年，北美以及拉美与加勒比的开放都在缩小，其中北美的开放指数同比下降16.3%，其他地区的开放度都在扩大，对冲了美洲的下降势头。

——**开放"合意性"**上，即寻找最优的开放度，一国的开放水平应与其基本国情、发展阶段、世界大势相匹配。比如，发达国家开放指数至少在0.75以上，发展中国家在0.6—0.7就比较高了。扩大开放的机遇与挑战并存，抓住机遇需要开放程度与发展水平、开放进度与竞争力提升、开放本领与治理能力、开放实力与责任担当、开放获益与包容共享的均衡，在不同时期、不同发展水平上寻找二者的"黄金结合点"。

当前，各国利益分歧增大，贸易投资自由化受阻，国际经贸规则碎片化，全球治理体系滞后，多边主义面临重大挑战。本报告以"百年未有之大变局"的历史长镜头，来研判上述问题，得出的**启示是：世界共同繁荣，离不开共同开放；世界开放潜力巨大，应推动"和而不同"的开放，实现均衡、包容、共享的开放；主要大国应带头开放，主动扛起世界开放大旗**，方可让世界开放走出"囚徒困境"，让开放之路行稳致远。

——**发达经济体应该走包容大度、革新内政、以身作则的开放之路**。"怨人者窄，责己者宽。"摆脱经济发展困境，在内省而非外顾，以自身改革根治发展不平衡，首先办好自己的事，主动担负起世界开放之责，以自身开放带动世界开放。

——**新兴经济体需要走创新合作、转型升级、更重分享的开放之路**。持续挖掘南北开放合作潜力，依靠科技进步、产业升级，培育动态比较优势，以更大开放促进高质量发展，跨越“中等收入陷阱”，承担更适度、更合理的国际责任。

——**发展中国家要走立足国情、主动参与、兴利除弊的开放之路**。致力于开放能力培养，既靠“输血”更靠“造血”，摆脱“路径依赖”，发挥自身优势嵌入全球市场网络，争取更大的国际发展空间。

“相通则共进，相闭则各退。”**世界发展困境不是开放造成的，反而需要更大的开放来破解；经济全球化的大方向不是变了，而是步入调整、蓄势、再出发的新阶段。这既是预言，更是愿景，是世界走出零和博弈、走向良性循环的“不二法门”。**

四　中国之路

近200年来，中国在开放与封闭中蹒跚前行，从晚清闭关锁国与被动挨打，到中华人民共和国成立前的艰难探索；从中华人民共和国成立后的外部封锁与相对封闭，到党的十一届三中全会后的改革开放，再到加入世界贸易组织后的体制性开放，中国在抓住全球化机遇、融入世界经济进程中破茧成蝶、成绩斐然。沧桑巨变见证了“开放是中国发展的关键一招、是国家繁荣发展的必由之路”。特别是党的十八大以来，中国以海纳百川的胸怀，更多衔接国际经贸规则，更深融入全球化进程，开启以开放发展理念引领，以共建“一带一路”、自贸区港、中国国际进口博览会等为标志的开放新征程，深刻阐释了“中国越开放就越发展，越发展就越开放”。

纵观中国开放的伟大历程，无论是40多年前的“打开国门搞建设”，还是近30年前的走市场经济道路；无论是20年前加入世界贸易组织，还是今天的更高水平对外开放，每到历史紧要关头，中国都排除了重重干扰，毅然决然地敞开胸怀。中国的对外开放，**既有主动参与经济全球化、融入世界经济之“同”，也**

有立足发展阶段、结合自身国情之“异”，是“求同存异”的自主开放。中国的对外开放，传承了中华文明开放包容的文化基因，主张和而不同、立己达人、协和万邦、天下一家。中国未来的开放，摒弃零和博弈，追求你好我好大家好，主张交流互鉴、美人之美、美美与共、天下大同。

中国的开放事业，走出了一条**独立自主与对外开放有机结合之路，**主动学习西方而不照搬、照抄，主动参与全球化而不脱离实际，主动搞市场经济而不偏离社会主义，主动融入世界而不迷失自我；走出了一条**对内改革与对外开放有机结合之路，**强化内外联动，把开放压力迅速转化为改革动力，以外促内，为我所用；走出了一条**自身发展与共同发展有机结合之路，**以自身开放带动世界开放，“立己达人，兼济天下”，发展自己，造福世界。这是一条**顺应世界大势与立足中国国情的成功开放之路**。

中国主动向世界开放，不仅是全球化的重要受益者，更是重要贡献者。**中国开放让世界经济动力更足**，对世界经济增长贡献率超过30%，成为其主要稳定器和动力源。**中国开放让全球发展包容性更强**，坚持多边主义和共同发展，致力于让不同国家、不同阶层、不同人群共享经济全球化的好处。**中国开放让国际治理更公正**，在世界贸易组织、二十国集团、金砖国家等国际舞台，为国际经济秩序更加公正合理，贡献了中国智慧。中国的开放大门，还将越开越大。统筹中华民族伟大复兴战略全局和世界“百年未有之大变局”，中国将构建以国内大循环为主体、国内国际双循环相互促进的新发展格局。这绝不是封闭的国内循环，而是更加开放的国内国际双循环，不仅是中国自身发展需要，而且将更好造福各国人民。

今天的中国，已站在新的历史起点。这个新起点，是中国开启全面建设社会主义现代化国家的新起点，也是中国同世界深度互动、向世界深度开放的新起点。在这一起点上，立足新阶段、新理念、新格局，本报告就推进更高水平开放，推动高质量发展，提出了一些展望和建议。未来中国与世界交流互动，相互影响会越来越大。如何弘扬开放包容的民族秉赋，统筹两个大局，推动国内国际双循环，实现中国与世界良性互动，犹待各界竭忠尽智，凝心聚力。

当今世界，需要的是开放包容、合作共赢的坚定信念，需要的是良性预言而非恶性预言，需要的是“开放合作”自我实现，而非“新冷战”“修昔底德陷阱”的自我印证。我们期望，一年一度《世界开放报告》的发布，能激发更深思考、凝聚更多共识、形成更大合力，推动世界共同扩大开放，让开放之光普照全球，让人民生活更加美好，让世界和平更有保障，让人类社会更加命运与共！

第一章

世界开放指数：概念与理论

现代文明是在世界各国开放交流中不断发展的。各个国家根据本国国情和发展阶段，选择适合自身的开放水平和开放路径。从历史来看，**开放是实现国家繁荣发展的必由之路，是解决时代发展难题的关键一招，是推动人类文明进步的动力之源**。过去数十年来，整个世界已日益紧密地融合在一起，开放发展已成为基本共识。描述世界各国的开放程度，分析其趋势、阐释其原因、探究其影响，是学界、政界和大众关注的重要议题。

一 对外开放的概念

在现有文献中，对外开放的基本含义是明确且一致的，即至少两个经济体的特定主体之间展开经济、社会、文化等层面上的交往，形成货物、服务、人员、资金、信息、知识、技术等的流动，以促进各自的发展。不过，关于对外开放概念的外延，各种文献往往具有多样化的设定。

对外开放的主体可分为三个层面。一是宏观层面的主体，指基于地理范畴、领土或主权内涵的特定经济体（即1个国家或地区）或区域（含至少2个经济体）。比如，经济体A同经济体B之间进行开放，东亚同南亚、亚洲同欧洲之间进行开放。**二是中观层面的主体，**主要指组成国民经济的机构部门。如政府部门（含为住户服务的非营利机构部门）、非金融企业部门、金融子部门和住户部门，如中国金融部门对外开放。有时也指产业部门（分类或粗或细）或行政层级（如省、市、县等），如中国服务业对外开放或北京市对外开放。**三是微观层面的主体，**主要指企业和个人。如中国华为公司投资欧洲、外国居民到中国留学或旅游。相应地，每类主体都有自己的对外开放。这三个层次之间存在自上而下的交叉嵌套和自下而上的交会加总关系，彼此之间并不是独立的。**本报告所称对外开放的主体，主要指宏观层面的经济体，即特定的经济体。**这意味着开放指数以整个经济体为基本观察单元。中观层面和微观层面的主体暂未纳入本报告当前关注范围。

对外开放的客体，主要包括经济、政治、社会和文化等大类，其中现有相关文献涉及最多的跨境经济开放，主要有跨境社会开放和跨境文化开放，考虑到政治的主权性和内部性等特点，很少有文献定义跨境政治开放。跨境开放特别是跨境经济开放，与一些广为人知的概念存在很强的关联。最主要的有全球化、区域化、国际化。其他还有互联性、相依性、自由度（化）等。关于全球化的定义、性质、起源、分期等，相关文献浩如烟海，众多政治家、企业领袖、国际机构与学者有过种种描述。全球化的首要关键词是“全球”，指整个地球，至少指多数大洲的多数国家和地区；其次是“化”，即特定变化（change/turn/transform）趋势。**“全球化”包含着跨境开放交流，从少数向多数大洲的多数国家和地区扩展变化的趋势**。仅限于某大洲内或者少数大洲诸国家和地区之间的开放交流是区域化，而非全球化。在大多数场合，全球化事实上都被当作“经济全球化”的同义语，代表性的定义如下。**一是**经济全球化指市场不断国际化。这里的“市场”是广义的，包括商品（货物与服务）、企业和产业、技术和竞争等部分。**二是**经济全球化指人类经济上的相互影响渗透不断提升，包括器物（货物、服务、劳动、资金和技术等）、制度和观念三个层面。同时，无论是缘起、发展过程还是种种损益，经济全球化始终伴随着争议，“亲全球主义者”和“反全球主义者”为此激烈辩论至少20年了，2008年国际金融危机以来更甚。**国际化，是开放交流发生在国家或地区之间的趋势。**国家或地区之间，指的是至少两个国家或地区之间，至于发生在多少个国家和地区之间则无须明确。当然，交流如发生在特定大洲内特定区域（比如东亚）的多数国家和地区之间，则可界定为区域化，如发生在多数大洲的多数国家或地区之间，则可界定为全球化。

全球化、区域化和国际化内涵的首要方面是跨境开放的广度（extensity）或宽度（width / breadth），而非跨境开放的强度（intensity）或深度（depth）。但是现有相关指数却主要测度跨境开放的强度或深度，出现了相关概念与内涵的错位。

专栏1-1　跨境开放相关的其他概念

1. 联通性和互联性

联通性（connectedness）指一国同外部世界之间的联结和通畅程度，可描述为对产品和服务、资本、信息、人的国际流动的参与。在全球范围的联通性即全球联通性，与此相对应的概念自然是区域联通性和本地联通性。DHL开发的全球联通性指数称，全球化就是全球联通性，即跨境关系的集中度（concentration of relationships across borders）：一国的国际联通中如果较小国家较多，则其全球化水平较低；反之则较高，同区位或地理距离无关。

另一个相关概念是互联性（interconnectedness）。从英文词源看，互联性隶属于联通性。一般用作“互联经济体”（interconnected economies），主要指不同国家之间相互的经济联系，包括商品、金融（含投资）、劳动力、信息（尤其是知识）的国际流动或传播。

2. 相依性

“相依性”或“相互依存性”（interdependence）从20世纪80年代早期就在世界经济领域流行了，指一国同其他国家之间通过贸易、货币与金融（含资本）、举债渠道发生的相互依赖性关系。其中的“其他国家”可以在不同的地理范围内进一步界定。不同国家之间依赖关系对称与否，并未在该名词中显性化，实际上存在非对称相依或失衡，这在世界经济特别是国际贸易领域很早就引起了广泛关注。

3. 自由度（化）

自由或自由度主要指中观或微观层面上不同主体之间的权力分配及其趋

势，特别指政府同其他主体之间的权力分配及其趋势。结合具体的领域，自由相关概念包括经济自由和政治自由等。美国传统基金会开发的“经济自由度指数”（Index of Economic Freedom，IEF）称，经济自由（Economic Freedom）是每个人控制自己劳动和财产的基本权利：在一个经济自由的社会里，个人可以随心所欲地工作、生产、消费和投资；政府允许劳动力、资本和货物自由流动，在保护和维护自由本身所必需的范围之外，不强迫或限制自由。加拿大弗雷泽研究所（The Frazer Institute）开发的人类自由指数（Human Freedom Index，HFI）和世界经济自由指数（Economic Freedom of the World，EFW）均称，“个人在如下情况下具有经济自由：不使用武力、欺诈或盗窃而获得的财产，免受他人侵犯，且有使用、交换或给予他人的自由，只要这些行为不侵犯他人同样的权利。因此，当存在自愿交换、竞争、个人选择和个人及其财产保护时，经济自由就存在”。这两个经济自由指数测度的是微观个体尺度上的自由。显然，这里讨论的自由度是指一国或一个经济体内部的自由选择权。

另一相关概念是自由化（liberalization），即政府对企业行为放松管制的趋势（《不列颠百科全书》，网络版，参见Smith，2020①）。该概念有时同社会事务相关法律的放宽有关，但最常被用作一个经济术语，特别是指减少对国际贸易和资本的限制。显然，自由化既包括对内联系的自由化，也包括对外联系的自由化。与对外开放相关的“自由”主要指特定经济体的本土主体同国外主体（境外的政府、非金融企业、金融企业、住户，或这些主体的联合体）之间的权力分配。这只是上述“自由”概念外延中的小部分，即跨境自由。跨境自由化在刺激国际贸易、直接投资、外汇和投资组合，以及大规模增长方面发挥了核心作用。

① Smith, N., “Liberalization”, *Encyclopaedia Britannica*, 2020.

二　对外开放的理论

在迄今为止的全球实践中，经济是对外开放最主要的领域，社会、文化和政治是对外开放相对次要的领域。因此，**本报告的测度内容以跨境经济开放为主，以跨境社会开放和跨境文化开放为辅，而且将后二者的测度限定于同跨境经济开放相关的内容**。这是因为，人们即使能够将跨境开放行为明确且清晰地划分为经济、文化、社会和政治等领域的开放，这四个领域的内容各自仍然是纷繁复杂的，要分别详尽地测度每个领域的开放内容，依然面临巨大的甚至难以克服的困难。特别地，跨境政治开放的定义及其同境内外经济、文化、社会等开放之间的最优形式，仍待深入研究。

“**经济开放**”，作为一个词汇，最早出现在20世纪80年代初的比较政治经济学文献中。但是，作为一种思想，经济开放的历史则要长久得多，尤其是在国际经济学领域。在西方经济学中，研究开放经济原因与结果的历史可以追溯到18世纪，在亚当·斯密和大卫·李嘉图等古典经济学家的著作中占有重要地位。这些古典经济学家关注国际贸易对国内经济的影响以及自由贸易的积极和消极影响，分析的重点最初是商品交换和汇率，目前更多的是经济开放对国内经济体系的影响。按传统的测度，一般而言，经济体的经济开放程度同其规模特别是人口规模是负相关的：大国倾向于为国内市场生产更多，这在过去会导致通过保护达到经济自给自足，现在这些保护则因国际治理的发展（如GATT和WTO）而得到缓解[①]。在中国思想史中，“淮南子—司马迁定理”，即“以所多易所鲜”“以所有易所无”“以所工易所拙”，凝练地包含了现代市场经济体特别是跨境市场经济的基本原理，特别是如下三大贸易理论：绝对优势理论、比较优势理论、要素禀赋论[②]。

---

① Keman, H.,“Economic Openness”, *Encylopaedia Britannica*, https://www.britannica.com/topic/economic-openness, 2020.

② 张宇燕：《中国对外开放40周年》，经济管理出版社2019年版。

（一）对外开放度的U形演进假说

大多数经济体的对外开放程度，随着其经济发展水平的提高而呈现出一种U形变化。在没有进入工业化过程之前，开放水平很高，而一旦要发展本地的产业和企业，推动工业化进程，则需要相当长一段保护时期，保护当地的幼稚产业，这样，对外开放的水平就会降低。随着当地企业和产业竞争能力的提高，该经济体的开放水平也会逐渐增加，甚至进入自由放任的状态。

为什么一个经济体的对外开放程度会是这样的一条U形演进路径呢？首先，落后国家的发展，很大程度上，是一种向发达国家，尤其是西方国家的学习并建立本土产业的过程。因此，采取完全封闭的经济政策，会阻断该国与先进国家的联系，阻碍先进科学技术以及机器设备的输入，从而会被现代文明所抛弃。其次，是不是落后国家，又要走向另一个极端，采取放任自流的开放政策呢？也不是。在经济发展初期，如果实行完全的开放政策，该国会在国际竞争中，甚至是在本地市场的竞争中，完败于发达国家，当地幼稚的近现代产业会被压制，并处在供应初级产品和原材料的国际分工格局中，很难发展起来。这时，实行可控的有限度的开放，比如内向型，或者外向型经济都是比较好的选择。最后，只有在本国的企业和产业的竞争力达到可以与发达国家相抗衡的水平的时候，则可以逐步提高开放程度，实现开放经济。这样，伴随整个经济发展进程，该国的开放程度会呈U形变化。

（二）不同规模经济体开放的路径选择

是不是每个国家，每个经济体的开放程度都会经历这样的一个U形变化轨迹呢？不尽然，因为国家之间、经济体之间的差别很大。

现代文明是以民族国家的兴起为基础的，现代世界经济的主体也是民族国家及其衍生的经济体。从经济发展的角度来讲，民族国家及其衍生的经济体，千差万别。有像俄罗斯那样横跨欧亚大陆6个时区的庞大国家，也有像梵蒂冈那样面积不足一平方公里的迷你小国；既有像印度、中国那样约十四亿人口的超级大国家，也有像梵蒂冈、摩纳哥那样人口不足10万的微型国家，等等。如果将两方面的因素结合起来观察，我们会发现：既有人口稀少的地域大国，比如俄罗斯、加拿大、澳大利亚，也有人口密集的集约型国家，比如日本、越南、印度等。不同类型国家追求发展的战略、政策选择也会大不相同。总体上讲，第二次世界大战以后，人口超过2000万的民族国家或者地区（这里的地区特指一个民族国家内，由于种种原因，实行独立关税和经济政策的区域，可以视为一个独立经济体，比如中国台湾地区、香港和澳门特别行政区），才具有较大的经济影响力。我们以此为标准，将世界上的国家/地区区分为两大类：**大国和小国，或者大经济体和小经济体**。

大体上，大的经济体的开放历程是U形的，而小的经济体则不尽然。如果小的经济体选择了自由放任的政策，比如中国香港的自由港政策，以及新加坡的依赖跨国公司和外资的政策，以及其他国家采取的国际避税港政策等，那么，**伴随经济发展过程的开放历程就不是U形的，而是一条开放程度不断增加的斜线，或者一直处于放任自流状态的水平线**。

（三）开放轨迹的波浪形变化

当然，影响一个国家或者经济体对外开放程度的因素很多，并非仅有国家规模、经济发展过程这两个因素。现实中，更复杂的情形是，很多的国家和地区，经济发展过程本身就非常坎坷，断断续续，没有一个统一、清晰的轨迹。许多国家新一届政府上台都会重新调整政策，有的延续上届政府的，有的则完全推翻。即便是现有的发展水平，也是很多年、各种各样政策效果累积的结果；反过来，基于这种发展水平，未来也可能对接各种全然不同的政策选项。

第二次世界大战后，很多发展中国家，都采取了进口替代的保护主义政策，对外开放的程度较低，取得了一定程度的经济发展；20世纪80年代以后，基于各种原因，又采取出口导向的对外开放政策，开放程度大幅度提升。随后，在遭受不同形式的经济或者金融危机，尤其是2008年金融危机之后，又采取了一些保护主义的措施，开放程度收缩。因此，**这些国家的对外开放轨迹和开放程度，就呈现出一种波浪形变化的态势。只要这些国家没有真正发展起来，未来还会有类似的波浪形变化。**

三　从外贸外资看开放实践

人类具有诸多领域的对外开放实践，特别是跨境贸易开放和投资开放实践。历史和现实均显示，人类对外开放实践是极其丰富多彩的：无论是开放的领域，还是开放的程度；无论是开放的过程，还是开放的结果，在不同经济体之间，甚至在同一经济体的不同时代，都可能千差万别。理解对外开放的这些异同，对科学认识对外开放测度的理论、方法与结果都至关重要。本报告以人类跨境贸易开放和投资开放为例来理解相应的开放实践。

（一）贸易开放对经济发展的影响

一国"最优"贸易开放制度选择，不能独立于其国内经济特征。[①]这是因为，贸易开放对开放国本土经济有积极和消极的双重影响。根据发展阶段、资源禀赋、技术状况等差异，各国应保持与之经济发展相适应的贸易开放度。

第一，贸易开放有利于发挥国内比较优势，通过规模经济效应促进国内总体经济增长。贸易政策和经济增长互为内生，多数文献直接或间接地证明贸易开放会积极促进总体经济增长[②③]，贸易自由化能促进国家之间的分工合作，使"干中学"的知识积累过程效率更高，有利于发挥国内比较优势[④]；国内市场开放

---

① Edwards, S. , "Openness, Trade Liberalization, and Growth in Developing Countries", *Journal of Economic Literature*, Vol.31, No.3, pp. 1358–1393, 1993.

② Grossman, G. and Helpman, E. , "Trade, Innovation, and Growth", *American Economic Review*, Vol.80, No.2, pp. 86–91, 1990.

③ Davis, D. , "Trade Liberalization and Income Distribution", NBER Working Paper No. 5693, 1996.

④ Devereux, M. Growth, specialization, and trade liberalization. University College Dublin. School of Economics, UCD Centre for Economic Research Working Paper Series; WP90/4.1990.

也有利于提升市场竞争，削弱国内市场垄断程度，使市场平均成本曲线下移，[①②]通过规模经济效应促进国内经济增长。[③]历史事实和经验研究对此提供支持：第一次世界大战以来，各高增速阶段基本伴随低关税率；[④⑤]早期，发展中国家中外向型部门扭曲较小的国家，增速超过扭曲更大的国家；[⑥]津巴布韦取消进口和外汇管制、降低进口税等贸易措施，显著增加了家庭可支配总收入。[⑦]

第二，贸易开放通过竞争机制优化资源配置，促进生产率的提升。有如下两条渠道促进生产率提升。**一是竞争引起生产率的优胜劣汰。**贸易开放使生产效率低的企业退出市场，存活下来的生产率高的企业有更高利润率，高利润率进一步吸引更多高生产率企业入驻，以此推高市场临界生产率，资源也会在不同生产率企业间发生重配，[⑧]从低效率企业流到高效率的贸易部门企业中，[⑨]尤其是流到效率更高的、外向型的、技能密集型的企业中去，优胜劣汰机制激励行业平均生产率提升，也优化了国内产业结构。**二是开放使厂商成本选择更丰富。**贸易开放鼓励本地厂商参与国际市场交流竞争，企业管理者对生产率提升

---

① Tybout, J. and Westbrook, M. , "Trade liberalization and the dimensions of efficiency change in Mexican manufacturing industries", *Journal of International Economics*, Vol.39, No.1–2, pp.53–78, 1995.

② Kim, E. , "Trade liberalization and productivity growth in Korean manufacturing industries: price protection, market power, and scale efficiency", *Journal of Development Economics*, Vol.62, No.1, pp.55–83, 2000.

③ Helpman, E. and Krugman, P. , *Market Structure and Foreign Trade: Increasing Returns, Imperfect Competition, and The International Economy*, The MIT Press, Edition 1, volume 1, number 026258087x, 1987.

④ Kindleberger, C. , *The World in Depression:1929-39*, Penguin Books Ltd, New Edition, 1987.

⑤ Bhagwati, J. , *Protectionism*, Cambridge: The MIT Press, 1988.

⑥ Edwards, S. , "Openness, Trade Liberalization, and Growth in Developing Countries", *Journal of Economic Literature*, Vol.31, No.3, pp.1358–1393, 1993.

⑦ Bautista, R., Lofgren, H. and Thomas, M. , "Does Trade Liberalization Enhance Income Growth and Equity in Zimbabwe? The Role of Complementary Policies", The TMD Discussion Paper No. 32, 1998.

⑧ Epifani, P. , "Trade Liberalization, Firm Performance, and Labor Market Outcomes in the Developing World: What Can We Learn from Micro-Level Data? " *SSRN Electronic Journal*, Vol.3, No.5, 2003.

⑨ Pavcnik, N. , "Trade Liberalization, Exit, and Productivity Improvements: Evidence from Chilean Plants", *Review of Economic Studies*, Vol.69, No.1, pp.245–276, 2002.

和成本削减会有更多选择，[①]关税壁垒下降后企业可以获得更多、更便宜的投入，[②]竞争会改善资源分配效率，缓解经济扭曲，激励R&D形成促进本地福利提升。[③]

第三，贸易开放加速技术扩散，促进本地技术升级。开放国家有更强吸收先进技术的能力，[④]不发达国家在开放条件下可以利用工业化国家中已经积累的大量知识资本促进国内技术升级。贸易成为技术在国家之间扩散的重要渠道。[⑤⑥⑦]发展中国家可以进口大量中间品，获取国外技术知识外溢促进本国技术升级，[⑧⑨⑩]进口机械设备等资本品也能增加对基于技能的技术变革需求[⑪]。技术还可以通过外商投资企业与本地企业之间的供应链关系发生外溢，[⑫]技术创新所产

---

① Krueger, A. , *Developing-Country Trade Policies and the International Economic System*, The World Bank, 1985.

② Khandelwal, A. and Topalova, P. , "Trade Liberalization and Firm Productivity: The Case of India", *The Review of Economics and Statistics*, Vol.93, No.3, pp.995–1009, 1993.

③ Grossman, G. and Helpman, E. , "Trade, knowledge spillovers, and growth", *European Economic Review*, Vol.35, No.2–3, pp.517–526, 1991.

④ Barro, R. and Sala–i–Martin, F. , "Technological Diffusion, Convergence, and Growth", NBER Working Paper No. 5151, 1995.

⑤ Lichtenberg, F. and van Pottelsberghe de la Potterie, B. , "International R&D spillovers: A comment", *European Economic Review*, Vol.42, No.8, pp.1483–1491, 1998.

⑥ Keller, W. , "Trade and the Transmission of Technology", *Journal of Economic Growth*, Vol.7, pp.7–24, 2002.

⑦ Blyde, J. , "Trade and Technology Diffusion In Latin America", *The International Trade Journal*, Vol.18, No.3, pp.177–197, 2004.

⑧ Coe, D., Helpman, E. and Hoffmaister, A. , "North–South R & D Spillovers", *The Economic Journal,* Vol.107, No.440, pp.134–149, 1997.

⑨ Acemoglu, D. , "Patterns of Skill Premia", *Review of Economic Studies*, 70(2), 199–230, 2003.

⑩ Ishikawa, J. , "Trade Liberalization and Technology Transfer through an Intermediate Product", *The International Economy*, 11, 3–10, 2007.

⑪ Gourdon, J. , "Wage inequality in developing countries: South–South trade matters" , *International Review of Economics*, Vol.58, No.4, pp.359–383, 2011.

⑫ Epifani, P. , "Trade Liberalization, Firm Performance and Labour Market Outcomes in the Developing World. What Can We Learn from Micro–Level Data", The World Bank Policy Research Working Paper No. 3063, 2003.

生的丰厚市场奖励进一步刺激新的技术创新和外商资本进入，[①]而外资授权给东道国本土企业的技术，有利于国内降低生产成本。[②]

第四，贸易开放促进就业并提升平均要素收入，缩小国家之间的发展差距。部分发达国家和发展中国家[③]、经济合作与发展组织（OECD）国家[④]、孟加拉国等[⑤]的经验研究证实，贸易开放有利于增加收入，并减少收入不平等现象，其基础是要素价格均等化理论，即在开放经济中全球流动的生产要素价格将趋于均等[⑥⑦]。

贸易过度开放也会出现伤害国内产业发展、固化对外部价值链依赖、弱化国内价值链构建等问题。例如，在欧、美、日主导的价值链体系中，中国不仅面临保护主义带来的贸易制裁风险，也面临着价值链被“锁定”和“俘获”的风险。从贸易方式看，长期以来中国以加工贸易为主导，从事加工代工、制造贴牌为主的生产，处于世界价值链的中低端位置，很难突破价值链低端锁定，尽管掌握了生产技术，但全球品牌质量不高，很难从“中国制造”转向“中国创造”。经济史学家保罗·贝洛赫（Paul Bairoch）曾说过，从历史来看自由贸易是例外，保护主义才是常态[⑧]，尽管自由贸易比保护主义更有利于经济增长和

---

① Bustos, P. , “Trade Liberalization, Exports, and Technology Upgrading: Evidence on the Impact of MERCOSUR on Argentinian Firms”, *American Economic Review*, Vol.101, No.1, pp.304–340, 2009.

② Hwang, H., Marjit, S. and Peng, C. , “Trade liberalization, technology transfer, and endogenous R&D”, *Oxford Economic Papers*, Vol.68, No.4, pp.1107–1119, 2016.

③ Salimi, F., Akhoondzadeh, T. and Arsalanbo, M. , “The Triangle of Trade Liberalization, Economic growth and Income Inequality”, *Communications on Advanced Computational Science with Applications, 1-15,* doi:10.5899/2014/cacsa–00026, 2014.

④ Dan, B. , “Equalizing Exchange: Trade Liberalization and Income Convergence”, *The Quarterly Journal of Economics*, Vol.108, No.3, pp.653–679, 1993.

⑤ Munshi, F. , “Does openness reduce wage inequality in developing countries? A Panel data Analysis”, Working Papers in Economics No. 241, University of Gothenburg, Department of Economics, 2006.

⑥ Samuelson, P. , “Summary on Factor–Price Equalization”, *International Economic Review*, Vol.8, No.3, pp.300–306, 1967.

⑦ Chipman, J. , “Factor Price Equalization and the Stolper–Samuelson Theorem”, *International Economic Review*, Vol.10, No.3, pp.399–406, 1969.

⑧ Felber, C. , *Trading for Good: How Global Trade Can be Made to Serve People Not Money*, London: Zed Books Ltd. , 2019.

社会福利扩张[①]，但贸易保护主义者认为，自由的进口贸易会伤害国内就业和企业竞争力，应当对外国商品施加进口壁垒。与极端保守主义观点不同的是，**合适的贸易开放度应取决于本国经济的开放承载能力与本国经济发展的阶段特征，保持本国经济和制度基本面所决定的开放程度，既要发挥贸易自由化对经济发展的积极贡献，也要避免过度开放对经济发展产生的伤害。**

（二）投资开放对经济发展的影响

外商直接投资（FDI）遍布全球大多数经济体，对相关经济体的经济社会发展产生了深远影响，不论是在促进技术创新，还是在实现产业结构升级，以及增加国际竞争力方面，都具有积极效应。其中，中国是一个值得关注的典型案例。

第一，FDI曾是中国国内固定资产投资重要组成部分。在20世纪八九十年代，中国固定资产投资中，外商直接投资占比处于明显的上升趋势。从20世纪80年代的平均4%，上升到1996年最高的11.8%。大量外商直接投资缓解了当时中国投资的资金压力，为此后中国经济长期可持续发展提供了良好的内生动力。[②]

第二，FDI促进了中国的对外贸易发展，不仅体现在“量”，也体现在“质”。从邓小平同志南方谈话，到中国加入世界贸易组织前（1992—2001年），外资企业年均出口增长率达到27.9%，外商投资企业出口总额占全国出口总额的50.8%。“入世”后，外资企业进一步成为中国出口的中坚力量，2010年，外商投资企业出口总额占全国出口总额的54.6%。外商对资本密集型和技术密集型行业直接投资力度不断加大，客观上促进了出口产品的结构升级。

第三，FDI增加了中国的就业机会，提高了就业人员的收入水平。1987年，中国港澳台商投资单位与外商投资单位的就业人员只有21万人，占城镇就业人

---

① Poole, W. , “Free Trade: Why Are Economists and Noneconomists So Far Apart?” *Review*, Vol.86, No.5, pp.1–6, 2004; Mankiw, N. , Economists Actually Agree on This: The Wisdom of Free Trade, *New York Times*, April 24, 2015.

② 数据来源：《中国统计年鉴》相关年份。

口的0.15%。到2017年，这一数字上升到6.08%。从员工收入角度看，外商投资单位就业人员的薪资水平较高，在1998年以来的所有年份里都高于城镇单位就业人员的平均水平，在绝大多数年份里也都高于股份有限公司就业人员的薪资水平。1998年，外商投资单位就业人员平均工资是城镇单位就业人员平均工资的1.7倍以上，这一数字在2017年仍为1.2倍。

第四，FDI助力中国的产业升级和技术进步。外商直接投资与中国产业升级步伐基本一致。20世纪90年代，中国第二产业尤其是制造业在国民经济中的比重快速上升，第二产业逐渐成为经济增长中的最重要力量，其对GDP的贡献率常年稳定在60%左右。外资企业在这一时期的重点行业也正是制造业。近年来，第三产业逐渐成为中国经济重要增长点，其在GDP中的比重从2002年的42.2%上升到2020年的54.5%。与此同时，外商直接投资的重点也逐渐从第二产业移至第三产业，其流入第三产业的比重2020年达70.5%，同中国经济的产业升级并行不悖。随着外商对中国资本密集型、技术密集型行业直接投资力度不断加大，先进的生产和管理技术也随之进入中国并产生一定外溢效应，有助于中国的技术进步。

第五，FDI推动了中国软环境的改善。改革开放初期，引进外商来华直接投资要求中国的法律法规也要与之相匹配。根据统计，1979年到1985年年底，中国制定经济法律（包括行政法规和规章）300多个，其中涉外经济方面的约占1/2。[①] 此后，与引进外资相关的法律法规不断充实和完善，从“外资三法”到《中华人民共和国外商投资法》。近年来，随着中国吸引外资的传统优势逐渐减弱，开放的着眼点逐渐从“商品和要素流动型开放”升级为“规则等制度型开放”。当前，改善营商环境，推动市场化、法治化、国际化，已经成为保持并提高中国对外商的吸引力的重要抓手。

同时，应辩证地看待直接投资开放。直接投资开放在整体上促进了经济发展，但也在一些方面产生无效性甚至负面影响。一些外资企业通过兼并与收购

① 中国对外经济贸易年鉴编辑委员会：《中国对外经济贸易年鉴1986》，中国展望出版社1986年版，第53页。

等方式，形成垄断；在某些“幼稚”行业，跨国公司的介入会对东道国企业产生挤压，最终导致东道国企业难以成长。FDI在资本流动方面也会对东道国的经济造成风险：外资集中涌入会推升东道国货币汇率，并有可能造成资产泡沫；外资集中撤离则会使东道国货币承受贬值压力。20世纪末，东南亚国家爆发金融风暴，外资的流入流出是危机形成和爆破的重要原因。当年外资的大量流入，助推了这一地区的快速发展，而缺少政府正确的引导，大量外资没有流向提高社会生产力的核心产业，没有根本地改变东南亚的发展结构，而是流向了证券、房地产等行业，助成了投机资本的暴利。当流入的资金无利可图时，必然大量流出，残留奢靡之风和难以为继的发展模式，加之大量引进外资导致外债加重，从而引发危机。泰国外债1992年为200亿美元，1997年货币贬值前已达860亿美元。

从全球主要国家的经验看，**第二次世界大战后尤其是冷战之后，全球投资开放、经济一体化是主要潮流。但各国政府对直接投资开放的态度并非一成不变，相机抉择、审时度势时有发生**。

——美国在第二次世界大战后对FDI的态度就经历了从“投资自由化”到“中立立场”，再到“开放与监管并举”的过程。20世纪70年代，美国与中东石油生产国的关系紧张，20世纪80年代，日本企业大举对美国进行直接投资，以及2018年后中美关系趋紧，均是美国对FDI收紧的重要原因。

——第二次世界大战后，日本经济百废待兴，为防止外资趁机介入，日本政府对外商来日本直接投资实行了保守政策。随着日本经济崛起，日本开始逐步放松对FDI的管制，但效果有待商榷。日本政府一直鼓励对外投资（ODI），最终成为ODI大国。

——巴西对FDI的态度经历过转变。第二次世界大战后初期，巴西政府引导性地鼓励外资进入机械、汽车等制造行业。20世纪70年代，由于跨国公司的利润汇出以及贸易逆差问题愈加严重，巴西政府从国产化率、利润汇出比重等方面限制外国直接投资。进入20世纪80年代，巴西爆发债务危机，为了缓解危机带来的压力，巴西政府再次鼓励外资进入。

四　对外开放系统的模型框架

对外开放的经济可以形成一个“子系统”，即开放型经济，如果再为其加上国家等地理或领土范围限定，可具体化为“开放型中国经济”和“开放型世界经济”等。这个系统内部可以构成一个再循环，包括生产、分配、交换和最终使用四大环节。事实上，这个开放子系统并不是独立于其所属经济体的其他“非开放子系统”的，而是同后者存在千丝万缕或强或弱的联系。

经济开放领域中，历史最悠久的当属跨境交换环节，包括但不限于跨境贸易。对外经济开放长期以跨境贸易开放为主，跨境贸易的内容长期以货物为主，最近数十年来服务的比重逐渐上升，并在部分经济体接近主导地位。对外货物贸易的内容长期以初级产品和最终用品为主，后来中间品的比重逐渐上升，甚至成为部分经济体中跨境贸易的主要部分。跨境贸易其实是一国资源（含自然资源和人力资源）禀赋和生产技术禀赋的直接体现或者延伸。这正是国际贸易经典理论所论述的基本原理。因此，本报告以跨境贸易理论为起点构建对外开放理论模型。

如前所述，关于跨境贸易的理论有不同流派，但可以统一为同一框架，并通过设定其中不同参数来体现，换言之，跨境贸易各流派可以嵌套在同一理论框架中，后者可以兼容各流派的精华。Costinot 和 Rodríguez-Clare提出了一个宏观框架，将各种前沿主流跨境贸易模型嵌套其中，以反映跨境贸易品价格的决定机制，其中，同跨境开放相关的自变量如下：生产成本，出口成本，双边可变贸易成本，进入伙伴经济体的固定成本，伙伴经济体进入报告经济体的成本。基于该框架，结合开放测度，本报告做出如下假设。

1. 跨境贸易开放。影响双边可变贸易成本的贸易开放因素包括关税率和非关税措施。跨境贸易开放既包括对最终产品贸易的开放，也包括对中间品贸易的开放。其中，跨境而来的中间品会进入伙伴经济体的生产过程，从而影响其相应生产过程的生产成本。显然，中间品贸易受中间品贸易政策的显著影响。

近二十年来，中间品贸易正逐渐成为影响贸易伙伴发展的显著因素。

2.跨境投资开放。包括对外商投资的开放和本土资本投向境外的开放。引进外资既能够缓解资金紧张，更通过竞争效应和技术、管理手段的“溢出效应”，提升东道国本土经济体企业的生产率。对外投资的主要作用也是充分利用境外资源，提升国际竞争力。因此，投资开放程度主要影响生产技术参数。

3.跨境金融开放。金融开放可以降低企业出口、对外投资的融资成本，可以明显促进那些需要巨大固定成本的国际化行为。无论是理论模型还是实证研究，均强调金融制度对企业出口固定成本的影响。

4.跨境知识开放。知识尤其是技术的开放能够使一国使用全球的先进技术，尤其对于以中国为代表的后发国家具有相当重要的意义。

5.跨境制度开放。制度开放致力于消除国际经贸往来的制度障碍，营造良好营商环境，提升制度质量。制度质量对企业生产经营的影响，在制度经济学中有“契约理论”和“产权理论”两种理论框架，而这两种理论框架在引入国际贸易的基本模型时，均可以被处理成一个“制度成本”的变量——为一系列衡量契约完善程度和产权保护力度的参数所构成的结构变量。

在纳入上述五个假设后，跨境贸易品价格的决定因素就包含了这五方面的开放因子。国际贸易各流派的统一理论框架及其详细的数理推导，参见本报告附录。

需要强调的是，以上模型虽然包含了贸易、投资、金融、技术和制度等领域的开放因子，但仍属于国际贸易模型。这与全球跨境开放的现实是十分吻合的：当前的跨境投资、金融、技术和制度开放均达到了空前的广度和深度，但跨境贸易开放依然是世界开放中最受关注的基础性和根本性领域，非贸易领域的跨境开放与跨境贸易开放都存在密切联系。

按上述理论模型，对外开放应测度的主要内容如下。

——**跨境贸易**，包括货物和服务出口与进口，货物与服务或用作最终品，或用作中间品。

——**跨境直接投资**，包括外商直接投资（FDI）和对外直接投资（ODI）。

——**跨境金融投资**，主要指债权、债务关系期限不超过一年的对内对外跨境金融投资，主要是跨境证券投资。

——**跨境知识特别是技术开放**，包括知识和技术的自境外引进和向境外输出。

——**跨境制度安排**，包括跨境契约和产权保护等制度或政策安排。

跨境贸易、跨境直接投资和跨境金融投资都是国际经济学研究中十分成熟的领域，各界已达成相关共识，此处毋庸赘言。但关于跨境知识、技术开放，以及跨境制度开放，需要作进一步的阐释。

知识特别是技术的跨境流动，既涉及经济范畴，也涉及社会范畴和文化范畴。这是因为，知识和技术的存在是无形的，需要外化于其他有形载体或以某种方式予以记载，才易于被观察和测度。它们或外化于产品，如文化产品和高技术产品，或存在于特定载体，如人（跨境留学生、游客和移民），或被确认为特定权利，如专利等知识产权。这就意味着，对知识或技术的观察需要在更广阔的范围内来定义。因此，本报告将通过文化领域和社会领域的开放，间接观测知识和技术的跨境流动。

跨境制度安排同样如此。一般制度只有在转化为特定的跨境制度甚至跨境政策时，才易于被观测。跨境制度或政策的着眼点和落脚点都是跨境行为，即对具体的跨境行为进行法律、规章和政策性的安排。为便于观测，本报告重点从跨境政策来测度跨境制度安排。

综上所述，本报告设定跨境开放为跨境经济开放和与此直接相关的跨境社会、文化开放，以及跨境政策制度的开放。

1.经济开放，即跨境经济开放，包括跨境贸易、跨境直接投资、跨境证券投资。

2.社会开放，即跨境社会开放，主要指特定的跨境人际流动，包括跨境游客流动、跨境留学生流动、跨境移民流动。

3.文化开放，即跨境文化开放，包括跨境文化货物流动、跨境知识产权流动、跨境专利申请、科学文献的跨境引用。

4.开放政策，即同前述经济、社会、文化开放密切相关的跨境政策制度安排。

对跨境开放领域的上述划分，旨在将跨境开放绩效同跨境开放政策区分开来：前三者属于跨境开放的绩效，第四个领域则是跨境开放政策。这是因为，跨境开放测度的一个要点，是明确测度对象究竟是跨境开放的绩效，还是作为跨境开放原因的政策，或者是二者的某种组合。这也是现有文献中存在重大分歧之处：政策制定者以及受政策影响较大的人士主要关注跨境开放政策，其他人士主要关注跨境开放的绩效。指数编制者可能想要同时满足这两种需求，但要面临相应难题带来的挑战。

第二章

世界开放指数：方法与测度

对外开放具有丰富的内涵和外延。世界开放指数综合了经济、社会、文化等多项与对外开放相关的统计指标，能够更加全面系统地衡量某一经济体的开放程度。**对外开放测度指标体系是构建世界开放指数的核心内容，通过量化经济、社会、文化等相关开放要素，形成可统计测算的量化指标，为定量分析各经济体开放的程度和趋势提供了全新途径。**

相对于其他开放类指数，本指数具有如下特点。其一，定位于测度经济开放及与之关系密切的非经济开放。其二，开放绩效与开放政策兼重，内向开放与外向开放兼重。其三，内向开放指标和外向开放指标的无量纲方法严谨基于供给和需求理论。

在本章及随后章节中，除非特别说明，“国”或“国家”多可同“经济体”一词通用。

一　对外开放测度指标体系的设置原则

（一）科学性原则

理论和方法具有科学性。本开放指数聚焦跨境线上的开放，不测度边境线外的现象。指标体系的设置和数据转换处理都严格基于专业的开放理论，基础数据的处理和指标的加权都严格遵从统计学理论与方法。

双向开放的均衡性。跨境开放包括境外要素的入境和境内要素的出境，都是本指标体系的测度内容，在数据可得的前提下，都会受到较平等的对待。各领域双向开放指标权数的设置坚持对内开放权数略高于对外开放权数的原则。

开放数据的客观性。指数结果要符合实际，这需要指标的选取能反映主要的开放实践，各指标的权数确定方法要科学，部分缺失数据在补充时进行的假设，必须同实际情况保持一致。

开放内容之间的异质性。即各指标测度领域互不重复，开放链条上各环节互不重复。测度指标之间应不具有理论性的因果关系，但本指数需要满足如下设计目的：既要测度作为原因的开放政策，也要测度基于这些原因的开放绩效。为此，本指标体系的设计，必须尽量降低兼容开放原因和开放绩效所导致的重复，即降低开放指标之间的同质性。这种重复基本不影响各经济体之间开放度的相对排名，但会高估各经济体加总开放度包括世界整体的开放度①。

为此，本指数从如下两方面降低这种重复效应。**其一**，部分指标即使测度的是同一测度对象，但应让其从不同角度来测度。比如，跨境游客、跨境留学生和跨境移民是按人头测度社会开放中的跨境人口流动规模，相应的跨境经济成本（如交通成本、教育服务交易、旅行消费）则在跨境经济开放（货物与服务跨境贸易）中测度。**其二**，如果基于各种原因实在无法找到恰当的不同角度分别进行测度时，本指数在加总各指标时，或扣除重复部分，或为重复指标设置较低的权数。比如，跨境知识产权贸易、跨境文化品贸易测度跨境文化开放，但其实已包含在经济开放度中，为这些指标设置较低的权数，为未重复的指标赋予较高权数。

（二）代表性原则

本指数的代表性体现在两方面。

开放领域的代表性。本报告测度了如下三大领域的跨境开放：经济、社会、文化。经济开放迄今为止仍然是全球跨境开放的主要领域，并带动了相关的社

① 人类世界整体开放度的计算主要有如下两种方法：基于各样本经济体开放度的平均值；基于所有样本经济体跨境开放基础指标加总值计算而得。目前，本文采用前一种方法，也是目前相关跨境测度计算世界总体水平的主流方法，其弊端就是指标间可能存在的同质性高估世界总体水平。

会开放和文化开放。同经济开放关联不那么直接的社会开放和文化开放，以及大大滞后于经济开放的跨境政治开放（或国际治理），不是迄今为止人类开放的主要领域，并未被纳入本指数的测度范围。已经纳入测度的前述领域足以代表人类的开放实践。

开放主体的代表性。本指数测度了129个经济体的跨境开放。这些经济体覆盖了全球绝大部分的人口总量和经济总量，是人类跨境开放活动的主要主体。在人类的跨境交往中，既有政府，也有营利的市场机构和个人，以及非营利的机构和个人。它们按其所属经济体加总，就构成了本指数的基本观察单位——经济体（国家或地区）。这些经济体再加总，就构成了人类世界的绝大部分，较充分地代表了这个世界。

（三）可持续性原则

其一，数据可得性高。本指标体系的数据均来自公开渠道，如国际货币基金组织的国际收支统计、世界银行的《世界发展指标》、联合国的社会统计和文化统计、世界贸易组织的跨境贸易开放政策数据、联合国贸发会议的跨境投资开放政策数据，均在各自官网公开发布，全球读者均可免费获得。当然，这些基础数据本由各经济体当局编制和发布，也可从相应官网获得。

其二，数据源稳定。上述各测度指标的数据均由前述国际组织按固定频率长期发布。这些数据主要由国际政府间组织基于各国官方统计当局提供，或者由国际非政府组织基于相关经济体零散的官方数据整理。

其三，数据质量高。前述国际组织或各经济体相关当局在编制上述指标数据时，均基于国际权威统计手册确立的统计制度、方法和最佳实践，原始数据源的质量一般都由官方当局保证，即使部分经济体的统计实践不同于其他经济体，但都会明确说明这些差异，让读者充分了解、评估并使用。

其四，拓展应用前景广阔。指数的声誉部分来自其应用的便捷性。本指数在发布各经济体的排名时，还将发布二级指标、三级指标和基础指标的得分和原始数值，便于用户了解、理解、评判和应用。

二 对外开放测度指标体系的构成

（一）对外开放测度指标清单

本指标体系拥有开放绩效测度指标21个，分别测度经济开放绩效、社会开放绩效和文化开放绩效（见表2.1）。

表2.1 对外开放测度指标清单

二级指标	三级指标	四级指标
开放政策	经济开放政策	加权应用关税率
		本国/经济体施加的非关税壁垒措施数
		本成员国/经济体从所参与自贸协定其他成员国进口的开放度
		本成员国/经济体向所参与自贸协定其他成员国出口的开放度
		本成员国/经济体向所参与投资协定其他成员国投资开放的程度
		所参与投资协定其他成员国/经济体向本成员国投资开放的程度
		金融开放度
	社会开放政策	出入境开放政策
	文化开放政策	（条件成熟时引入）
开放绩效	经济开放绩效	货物进口
		货物出口
		服务进口
		服务出口
		外商直接投资
		对外直接投资
		外商证券投资
		对外证券投资
	社会开放绩效	入境游客数量
		出境游客数量
		入境留学生数量
		出境留学生数量
		入境移民数量
		出境移民数量
	文化开放绩效	知识产权进口
		知识产权出口
		国外/经济体居民在本国申请专利
		本国/经济体居民在国外申请专利
		科学文献的国际引用数
		文化用品进口
		文化用品出口

（二）关于开放政策指标和开放绩效指标的概要说明

开放政策指各经济体为实现自身利益与意志而对跨境开放领域的指示性内容以权威形式做出的标准化规定。开放政策通常是开放绩效的重要原因变量，但并不是唯一的原因变量。在实践中，开放政策往往是一个经济体调控自身开放领域的着力点或着力处，制定和实施开放政策是一国政府依法拥有的治理权限。通过开放政策，一个经济体可以调整跨境开放领域的宽窄（即宽度）和力度的强弱（即强度），从而形成自己的开放节奏。当然，开放政策的制定和实施往往是境内外相关因素合力作用的结果。

本报告涉及的跨境开放政策主要是经济开放政策和社会开放政策。本指标体系拥有开放政策指标8个，其中3个指标兼测跨境开放政策的强度和宽度，5个指标仅测度跨境开放政策的宽度。文化开放政策在未来条件成熟时将引入，以同开放绩效指标所覆盖的领域完全对应。

开放绩效指跨境开放行为本身取得的直接绩效，不包括开放行为的间接绩效。开放行为对人类经济、社会、文化的影响是深远的，其因果链很长，但本报告仅关注开放的直接绩效，今后会逐步引入间接绩效。

（三）四级开放指标描述

表2.2　　四级开放指标的数据来源

指标编号	指标名称	基础数据来源
1.1.1	加权应用关税率	WB
1.1.2	本国/地区施加的非关税壁垒措施数	WTO
1.1.31	本成员国/地区从所参与自贸协定其他成员国/地区进口的开放度	WTO
1.1.32	本成员国/地区向所参与自贸协定其他成员国/地区出口的开放度	
1.2.11	本成员国/地区向所参与投资协定其他成员国/地区投资开放的程度	UNCTAD
1.2.12	所参与投资协定其他成员国/地区向本成员国投资开放的程度	
1.3.1	金融开放政策	Chinn-Ito指数
1.4.1	出入境开放政策	Henley和Partners

续表

指标编号	指标名称	基础数据来源
2.1.11	货物进口	IMF/WB
2.1.12	货物出口	
2.1.21	服务进口	
2.1.22	服务出口	
2.2.11	外商直接投资	
2.2.12	对外直接投资	
2.2.21	外商证券投资	
2.2.22	对外证券投资	
2.3.11	入境游客数量	World Tourism Organization/WB
2.3.12	出境游客数量	
2.3.21	入境留学生数量	UNESCO
2.3.22	出境留学生数量	
2.3.31	入境移民数量	UNDESA
2.3.32	出境移民数量	
2.4.11	知识产权进口	IMF/WB
2.4.12	知识产权出口	
2.4.21	国外/地区居民在本国申请专利	WIPO
2.4.22	本国/地区居民在境外申请专利	
2.4.3	科学文献的国际引用	SCImago
2.4.41	文化用品进口	UNESCO
2.4.42	文化用品出口	

1.跨境开放政策类指标

加权应用关税率（Weighted Applied Tariff Rate）。为报告经济体对不同贸易伙伴经济体的进口税率经这些伙伴在报告经济体总进口中份额加权值。其中，进口税率按HS产品分类6位码或8位码（需转换为SITC分类3位码）。本指标来自世界银行职员基于众多数据库的估计[①]。

非关税壁垒措施。旨在测度这些措施数量的多少。纳入GATT–WTO协议中公

① 基于UNCTAD的“贸易分析与信息系统”（TRAINS）数据库和WTO的“综合数据库（IDB）和综合关税表（CTS）”数据库，世界银行职员用“世界综合贸易解决方案系统”进行估算。

告监控的非关税壁垒措施如下：反倾销、反补贴、数量限制、保障措施、动植物检疫、特别保障措施、技术性贸易壁垒、关税配额、出口补贴。基础数据来自WTO。

基于贸易协定的贸易开放政策，包括两个指标：本成员国从自贸协定其他成员国进口的开放度；本成员国向自贸协定其他成员国出口的开放度。这两个属于跨境开放宽度指标。世界贸易组织中的区域贸易协定（RTAs）指两个或多个伙伴之间的任何互惠贸易协定，旨在消除彼此之间各种贸易壁垒，规范彼此之间的贸易合作关系。关于RTAs对全球贸易自由化的效应，各方看法不一。RTAs旨在使签署国受益，但如果不尽量减少资源分配以及贸易和投资转移方面的扭曲，预期的利益可能会被削弱。此外，RTAs的增加也产生了成员重叠的现象。交易者如果难以满足多套贸易规则，就可能会阻碍贸易流动。此外，随着RTAs的范围扩大到包括不受多边管制的政策领域，不同协定之间不一致的风险可能增加。较早期签署的RTAs大多数只涉及关税自由化、贸易保护、标准等相关规则以及原产地规则。新近所签RTAs的覆盖范围逐渐扩大至服务自由化以及对服务规则、投资、竞争、知识产权、电子商务、环境和劳工等承诺，可能会导致监管混乱和执行问题。截至2016年6月，所有世界贸易组织成员国均有RTAs在生效。截至2020年6月15日，全球有49个RTAs在生效。[①]基础数据来自WTO。

基于国际投资协定的投资开放政策，包括两个指标：本成员国向投资协定其他成员国投资开放的程度；投资协定其他成员国向本成员国投资开放的程度。以国际投资协定（IIAs）成员国的经济规模来测度，表示国际投资开放政策的宽度。[②] IIAs主要分为如下两类。其一，双边投资条约（BITs）是两个经济体之间达成的协定，旨在促进和保护各自投资者在对方领土上的投资。大多数IIAs都属于BITs。其二，含有投资条款的条约（TIPs），指BITs之外各种含有跨境投资条款的条约，可细分为如下三种。（1）广义的经济条约，包括BITs中常见的义务，如含有投资专章的自由贸易协定。（2）投资相关条款较有限的条约。比如，

---

① WTO的区域贸易协定网页：https://www.wto.org/english/tratop_e/region_e/scope_rta_e.htm。

② 联合国贸发会议（UNCTAD）官网：https://investmentpolicy.unctad.org/international-investment-agreements。

某些条约的投资条款仅限于设立投资或投资相关基金的自由转移。（3）只含有投资“框架”条款的条约。比如，这些条款仅仅是关于投资领域合作和/或未来投资问题谈判的任务[①]。基础数据来自UNCTAD。

金融开放政策，反映一个经济体当局对跨境金融流动尤其是跨境金融交易管理政策的宽松程度。本报告采用Chinn-Ito指数来测度。该指数基于IMF的《汇率安排与汇率限制年报》（AREAER），并纳入“资本控制”的程度和强度内容。数据由Chinn-Ito公开发布[②]。

出入境开放政策，反映一个经济体当局对境内外持普通护照的国民跨境签证政策的宽松程度。本报告采用“Henley护照指数”（Henley & Partners Passport Index）测度普通公民跨境开放政策的宽度。对一个特定经济体而言，其普通公民持本经济体签发护照进入其他经济体时，可以在多少个经济体免予签证或享有落地签待遇，或者授予多少个其他经济体的普通公民持照进入本经济体境内时可享有免签或落地签待遇，反映了普通国民跨境流动签证政策的宽松程度。基础数据来自Henley & Partners官方网站。

2.跨境经济开放绩效指标

含8项指标，数值均按国际收支手册（BPM）进行编制，来自IMF出版的《国际收支统计和国际投资头寸统计》（BOP/IIP）。

货物进口和出口。国际收支统计的是“导致所有权在居民与非居民之间所有权发生变更的”跨境货物交易，主要数据来自《国际商品贸易统计》、海关系统或国际交易报告系统，但需基于该数据源进行调整。这是因为，《国际商品贸易统计》统计的是“进入其经济领土（进口）或离开其经济领土（出口）而使该经济体物质资源存量增加或减少”的货物，海关系统未涵盖某些发生所有权

---

① 除这两类IIAs外，还有一个开放类别“投资有关工具”（Investment-Related Instruments，IRIs），包括各种有约束力和无约束力的文书，例如示范协定和文书草案、关于争端解决和仲裁规则的多边公约、国际组织通过的文件和其他文件。作为跨境直接投资政策的测度指标，本文所统计的国际投资协定未纳入IRIs。

② 该指数发布官网：http://web.pdx.edu/~ito/Chinn-Ito_website.htm。

跨境变更的货物或旅行项目，国际交易报告系统未涵盖某些发生所有权跨境变更但无相关款项支付的货物[①]。此外，将国际商品贸易统计、海关统计和国际交易报告系统的数据转为BOP口径下的货物统计数据时，将进口从CIF价换算成FOB价，应扣除从出口国边境至进口国边界发生的运费和保险费。这是因为，《国际商品贸易统计》采用FOB类[②]计值作为出口的统计值，采用CIF类计值[③]作为进口的统计值。BPM6总结了基于源数据所提供的商品贸易统计数据而经常调整的具体项目，包括增加7项、扣减6项、或增或减3项。其中，增加的7项如下：承运人在港口购买的货物；捕鱼、海底矿物质以及居民经营的船舶出售的被救财产；非法进入/离开领土变更所有权的货物；因在国外加工，从其他经济体获得的货物（仅适于进口）；在其他经济体加工之后在国外出售的货物（仅适于出口）；转手买卖货物的净出口（仅适于出口）；非货币黄金。扣减的6项如下：移民的个人物品；非居民企业进口的用于建设项目的货物；用于维修或储存且不变更所有权的货物；加工之后送往国外或退回且不变更所有权的货物；退回的货物；CIF/FOB价调整（仅适于进口）。或增或减的3项如下：运输途中丢失或毁坏的货物；在海关仓库或其他地区变更所有权的货物；交付（时间）不同于所有权变更（时间）的高价值资本货物[④]。

服务进口和出口。跨境服务贸易数据的主要信息来源是《国际服务贸易统计手册》（MSITS）。MSITS的概念框架与《国际收支统计手册》（BPM6）和《2008年国民账户体系》相同，对服务的分类主要基于产品，其次基于交易者，并同《产品总分类》（CPC）进行了协调。

---

① 由于居民和非居民之间未发生所有权变更，或者货物不具有价值，在某些情形下不计入一般商品，如转口贸易、移民的个人物品、金融租赁下出租方获得的货物、退回的货物。

② FOB类计值包括如下三种：（a）在出口国边境港口交货的“船上交货”价（FOB，适用于海运或内河运输的货物）；（b）在出口国边境码头交货的“货交承运人”价（FCA，在所用运输方式不适合采用FOB时，适于采用该贸易术语）；（c）在出口国交货的“边境交货”（DAF，适用于那些不适合采用FOB和FCA的运输方式，例如，通过铁路或管道的货物出口）。

③ CIF类计值包括：（a）至进口国边界的“成本、保险费和运费”（CIF）；（b）至进口国边界的“运费、保险费付至”（CIP）。

④ BPM6中文版，表10.2，第140页。

跨境直接投资，包括外商直接投资和对外直接投资。本报告测度直接投资流量，即在具有直接投资关系的各方之间产生的流量。某一经济体居民投资者的投资构成对其他经济体居民企业的控制或对其管理有重大影响时，便发生直接投资。除产生控制权或影响的股权外，直接投资还包括关联债务和有相同直接投资者的企业之间的其他债务和股权。如果直接投资者在直接投资企业拥有50%以上的表决权，则确定存在控制，该直接投资企业为子公司。如果直接投资者在直接投资企业拥有10%—50%的表决权，则确定存在重大影响，该直接投资企业为联营企业。控制或影响可以是直接的（通过拥有表决权实现）或间接的（通过对拥有表决权之企业的所有权实现）。

跨境证券投资，包括外商证券投资和对外证券投资。本报告测度证券投资流量，指没有被列入直接投资或储备资产的有关债务或股本证券的跨境交易流量。

3. 跨境社会开放绩效指标

包括6项指标，覆盖跨境旅游、留学和移民领域，反映跨境人员交流的概貌以及所承载的信息、知识、技术、情感和劳动力融通，对开放经济体的经济发展十分重要。

跨境游客数量，包括入境游客数量和出境游客数量。游客从其常住经济体进入其他经济体进行不超过12个月的旅游，旅游的主要目的不是从受访经济体获得劳动报酬。当无法获得游客数量的数据时，则采用访客数量数据，即游客、当天访客、游轮乘客和机组人员。各经济体入境者的来源和收集方法各不相同。在某些情况下，数据来自边境统计和边境调查。在其他情况下，数据来自旅游住宿机构。在某些经济体，抵达人数仅限于航空抵达，而在其他经济体则限于入住酒店的抵达者。一些经济体包括居住在境外的国民的入境，而其他国家则不考虑这种情形。因此，在比较各经济体的入境人数时应谨慎。入境游客的数据是指入境人数，而不是旅游人数。因此，在一段时间内多次到同一经济体旅行的人，每次都被算作新来的人。出境旅游是指人们从通常居住的经济体出发，前往任何其他经济体的次数，主要目的不是在受访经济体从事有报酬的活动。

出境游客数据是指出境人数，而不是旅游人数。因此，在一段时间内多次从一个国家出发的人，每次都被算作一次新的出发。数据直接引自世界银行的《世界发展指标》，后者则引自世界旅游组织（World Tourism Organization，WTO）的《旅游统计年鉴》（*Yearbook of Tourism Statistics*）。

跨境留学生数量，包括入境留学生数量和出境留学生数量。这里的留学生均指高等教育留学生。按联合国教科文组织统计研究所的标准（2012年），高等教育包括如下两个阶段。第一阶段，即《国际教育分类标准》（ISCED）第5级，包括第5A级，主要是基于理论的课程，旨在为进入高级研究课程和具有高技能要求的专业提供足够的资格；第5B级，通常为更实用即技术和/或职业上特定的课程。第二阶段，即ISCED6级，包括致力于高级研究和创始研究的课程，并最终授予高级研究资格。基础数据来自联合国教科文组织统计年鉴[①]。

跨境移民数量，包括入境移民数量和出境移民数量。这里测度的是移民存量。国际移民是人口变化中最难以测量和估计的组成部分。因此，用于估计和预测净移民数据的质量和数量因国家而异。此外，跨境人员流动往往是对不断变化的社会经济、政治和环境力量的反映，存在很大的波动。例如，难民流动可能涉及大量人口在短时间内跨越边界。数据点仅限于1990年、1995年、2000年、2005年、2010年、2015年和2019年，由联合国经济和社会事务部人口司估计[②]。

4. 跨境文化开放绩效指标

包括7项指标，覆盖跨境知识产权、专利申请、科学文献引用和文化品贸易。

跨境知识产权流动，包括知识产权进口和出口。使用知识产权的费用是居民和非居民之间就授权使用专有权（如专利权、商标权、版权、包括商业秘密的工业过程和设计、特许经营权），以及复制、传播（或两者兼有）原作或原型中的知识产权（如书本和手稿、计算机软件、电影作品和音频录音的版权）和

① 相应数据库网络版参见UIS: http://data.uis.unesco.org/Index.aspx?DataSetCode=EDULIT_DS&popupcustomise=true&lang=en。

② https://www.un.org/en/development/desa/population/migration/data/estimates2/estimates19.asp。

相关权利（如现场直播和电视转播、线缆传播或卫星广播的权利）时，所涉及的许可费。基础数据来自IMF的BOP/IIP数据库或世界银行《世界发展指标》。

跨境专利申请，包括居民在境外申请专利和国外居民在境内申请专利。专利申请是指通过专利合作条约程序或向国家专利局提出的世界范围的专利申请，以获得发明的专有权——一种提供新的做事方式或解决问题的新技术解决方案的产品或工艺。专利权在一定期限内（一般为20年）向专利权人提供发明保护。除非另有说明，居民和国外居民专利申请的数量统计包括通过PCT系统提交的作为PCT国家/地区阶段条目的专利申请。国外居民专利申请来自有关国家或者地区以外的申请人。居民专利申请是指第一名申请人或受让人是有关国家或地区居民的专利申请。专利数据是研究一个国家或地区技术变化的重要资源，提供了关于发明活动和发明过程的多个方面（例如地理位置、技术和机构来源、个人和网络）的独特详细信息来源，可用于分析与技术变革和专利活动有关的广泛主题，包括产业科学联系、公司专利战略、研究国际化和专利价值指标。基于专利的统计数字反映了国家、地区和公司的发明绩效，以及创新过程动态的其他方面，如创新或技术路径上的合作。基础数据来自世界知识产权组织（WIPO）或世界银行《世界发展指标》。

科学文献的国际引用（不含本国自我引用）。科学文献（scientific documents）指科学类的文章（articles）、评论（reviews）和会议论文（conference papers）。基础数据来自SCImago国家排名，基于Scopus数据库（Elsevier B.V.）所含信息而开发。数据来自全球239个国家和地区的5000多家国际出版商的34100多篇文章和国家绩效指标。

跨境文化品贸易，包括文化用品进口和出口。按《联合国教科文组织文化统计框架2009》的定义，文化产品指传达思想、符号和生活方式的消费品，即书籍、杂志、多媒体产品、软件、录音、电影、录像、视听节目、工艺品和时装。基础数据来自联合国教科文组织统计年鉴①。

---

① http://data.uis.unesco.org/Index.aspx?DataSetCode=EDULIT_DS&popupcustomise=true&lang=en。

三　基础指标数据处理和权重设置

基础指标的去量纲化方法基于经济学供给和需求原理。基础指标缺失值的处理以及标准化，均基于统计学方法。详情见本报告附录。

对各级指标体系的赋权基于专家调查法。我们在对41名国际经济学专家进行问卷调查的基础上，对问卷结果取算数平均值，得到各指标的平均权数，其结果如表2.3所示。

表2.3　各级指标平均权数

<table>
<tr><th>二级指标</th><th>三级指标</th><th>四级指标</th></tr>
<tr><td rowspan="8">开放政策（0.518）</td><td rowspan="8">经济（0.9）与
社会开放政策（0.1）</td><td>加权应用关税率（0.339）</td></tr>
<tr><td>本国施加的非关税贸易壁垒数　（0.259）</td></tr>
<tr><td>本成员国从所参与自贸协定其他成员国进口的开放度　（0.051）</td></tr>
<tr><td>本成员国向所参与自贸协定其他成员国出口的开放度　（0.051）</td></tr>
<tr><td>本成员国向所参与投资协定其他成员国投资开放的程度（0.05）</td></tr>
<tr><td>所参与投资协定其他成员国向本成员国投资开放的程度（0.05）</td></tr>
<tr><td>金融开放政策　（0.1）</td></tr>
<tr><td>出入境开放政策（0.1）</td></tr>
<tr><td rowspan="14">开放绩效（0.482）</td><td rowspan="8">经济开放绩效（0.69）</td><td>货物进口　（0.169）</td></tr>
<tr><td>货物出口　（0.169）</td></tr>
<tr><td>服务进口　（0.161）</td></tr>
<tr><td>服务出口　（0.161）</td></tr>
<tr><td>外商直接投资　（0.141）</td></tr>
<tr><td>对外直接投资　（0.141）</td></tr>
<tr><td>外商证券投资　（0.029)</td></tr>
<tr><td>对外证券投资　（0.029）</td></tr>
<tr><td rowspan="6">社会开放绩效（0.17）</td><td>入境游客数量　（0.169）</td></tr>
<tr><td>出境游客数量　（0.169）</td></tr>
<tr><td>入境留学生数量（0.17）</td></tr>
<tr><td>出境留学生数量（0.17）</td></tr>
<tr><td>入境移民数量　（0.091）</td></tr>
<tr><td>出境移民数量　（0.091）</td></tr>
</table>

续表

二级指标	三级指标	四级指标
开放绩效（0.482）	文化开放绩效（0.14）	知识产权进口　（0.183）
		知识产权出口　（0.183）
		国外居民在境内申请专利（0.171）
		本国居民在境外申请专利（0.171）
		科学文献的国际引用　（0.11）
		文化用品进口　（0.091）
		文化用品出口　（0.091）

第三章

世界开放指数：结果与分析

本章基于前两章提出的理论和方法，对全球129个主要经济体的对外开放指数进行了测算，并从主要经济体开放度、地理区域开放度、开放度与经济发展、开放度与经济规模等方面进行了比较分析。对外开放指数测算了2008—2019年的结果，并力求最大限度地丰富指标内容、扩大数据来源，力求测度结果的科学性。

一　世界开放指数的榜单与全球排名

表3.1　　对外开放指数排名（2008—2019年）

（按2019年指数值排序）

经济体＼年份	2019	2018	2017	2016	2015	2014	2013	2012	2011	2010	2009	2008	2008—2019位次变动	2008—2019指数变动（%）
新加坡	1	1	1	1	1	2	2	2	2	2	2	2	+1	2.5
德国	2	3	3	3	4	4	4	4	4	4	3	3	+1	3.8
中国香港	3	2	2	2	2	3	3	3	3	3	4	4	+1	3.4
爱尔兰	4	4	4	4	6	5	7	7	8	8	9	11	+7	7.3
英国	5	6	5	6	9	7	6	6	5	5	5	5	0	2.2
瑞士	6	5	6	5	8	6	5	5	6	7	7	10	+4	4.1
荷兰	7	9	8	8	7	9	8	8	7	10	8	8	+1	1.8
法国	8	7	9	9	10	11	10	11	10	11	10	9	+1	1.8
加拿大	9	8	11	10	11	10	9	10	9	9	11	7	−2	1.0

续表

年份 经济体	2019	2018	2017	2016	2015	2014	2013	2012	2011	2010	2009	2008	2008—2019位次变动	2008—2019指数变动（%）
马耳他	10	10	14	12	12	12	12	12	11	6	6	6	−4	−1.0
意大利	11	11	13	13	13	13	13	13	13	13	14	15	+4	2.6
比利时	12	12	15	14	15	14	14	15	14	14	17	16	+4	2.1
以色列	13	13	16	16	17	16	15	14	15	15	18	17	+4	2.6
韩国	14	15	17	19	22	19	28	36	41	43	50	51	+37	11.4
塞浦路斯	15	16	28	32	32	30	51	40	19	18	19	19	+4	2.9
澳大利亚	16	14	12	11	14	17	18	21	22	22	25	25	+9	3.8
瑞典	17	21	21	22	20	18	20	18	17	17	20	22	+5	3.0
西班牙	18	17	18	17	19	20	21	22	20	19	22	20	+2	2.7
捷克	19	18	19	20	21	24	24	23	23	24	26	27	+8	4.1
卢森堡	20	31	7	15	5	8	11	9	27	23	15	41	+21	7.8
日本	21	28	25	26	16	15	16	16	12	12	12	12	−9	−1.5
美国	22	19	10	7	3	1	1	1	1	1	1	1	−21	−17.8
奥地利	23	20	22	24	23	22	19	19	18	20	21	21	−2	2.7
丹麦	24	23	24	23	24	23	23	20	21	21	24	23	−1	3.2
匈牙利	25	26	26	21	26	25	26	26	26	27	27	26	+1	3.5
挪威	26	22	20	18	18	21	17	17	16	16	16	13	−13	−0.5
爱沙尼亚	27	25	27	28	27	27	22	24	24	28	29	29	+2	4.5
新西兰	28	24	23	25	25	26	25	25	25	25	13	14	−14	−0.4
拉脱维亚	29	27	29	27	29	28	29	28	30	31	35	36	+7	5.4
哥斯达黎加	30	29	31	30	33	59	43	43	43	59	57	58	+28	10.6
立陶宛	31	30	30	36	50	47	47	52	45	42	39	37	+6	5.1
芬兰	32	32	32	31	31	29	27	27	29	29	28	28	−4	2.7
葡萄牙	33	34	35	33	34	31	31	31	31	30	30	30	−3	2.9
乌拉圭	34	37	39	39	39	36	33	32	35	34	31	31	−3	2.9
智利	35	33	36	40	37	37	36	33	28	26	23	18	−17	−0.7
尼加拉瓜	36	36	38	37	36	44	42	41	42	39	40	40	+4	4.7
中国澳门	37	40	43	48	47	42	44	50	44	44	46	48	+11	5.9
巴拿马	38	38	34	35	30	35	37	37	34	36	36	34	−4	2.6
秘鲁	39	35	37	47	46	53	49	49	51	61	58	60	+21	8.7
中国	40	42	41	42	43	43	45	47	53	58	61	62	+22	9.6

注：1.字体为黑体且加粗者，为G20成员。除非特别说明，下同。

2.129个经济体对外开放指数排名完整表格详见附录一。

二　世界开放指数的区域与国别分析

（一）全球及主要经济体开放度

1. 世界开放大趋势

2008—2019年，世界开放指数介于0.74和0.78之间，总体呈震荡缩小势头，从0.779下降至0.748，跌幅为3.98%。其中，2008年开放度最高，2018年最低，尽管2013年、2014年和2019年环比上一年均小幅反弹。

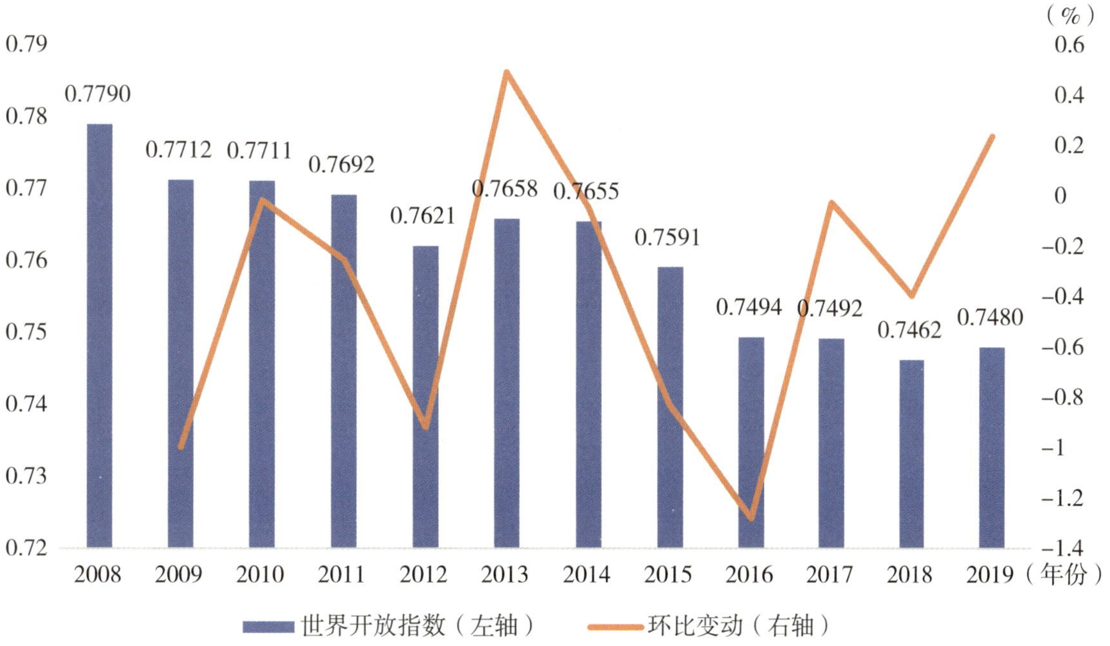

图3.1　世界开放指数（2008—2019年）

说明：世界开放指数为129个经济体对外开放指数值按2010年不变价GDP份额加权值。

2. 全球最开放和最不开放的经济体

对外开放度最高的10个经济体均为发达经济体。2019年，对外开放度高居榜单前十位（TOP10）的经济体依次为新加坡、德国、中国香港、爱尔兰、英国、瑞士、荷兰、法国、加拿大、马耳他。除爱尔兰取代美国外，其余9个经济体在2008年也属于最开放的十大经济体。这十大经济体的加权开放指数，2019

年为0.8217，比2008年相应数值下降5.97%，显示出开放缩小势头。

表3.2　　最开放的20个经济体：2008年和2019年

排名	开放指数（2019）		开放指数（2008）	
1	新加坡	0.8646	**美国**	0.9328
2	**德国**	0.8552	新加坡	0.8438
3	中国香港	0.8503	**德国**	0.8243
4	爱尔兰	0.8371	中国香港	0.8221
5	**英国**	0.8171	**英国**	0.7998
6	瑞士	0.8133	马耳他	0.7921
7	荷兰	0.7997	**加拿大**	0.7874
8	**法国**	0.7986	荷兰	0.7856
9	**加拿大**	0.7953	**法国**	0.7848
10	马耳他	0.7838	瑞士	0.7814
11	**意大利**	0.7814	爱尔兰	0.7802
12	比利时	0.7777	**日本**	0.7782
13	以色列	0.7772	挪威	0.7666
14	**韩国**	0.7718	新西兰	0.7656
15	塞浦路斯	0.7696	**意大利**	0.7618
16	**澳大利亚**	0.7681	比利时	0.7618
17	瑞典	0.7674	以色列	0.7575
18	西班牙	0.7669	智利	0.7535
19	捷克	0.7668	塞浦路斯	0.7481
20	卢森堡	0.7667	西班牙	0.7466

不过，在表3.2榜单的第11名至第20名之间，显著的变动在于，日本从2008年第12名跌至2019年前20名之外，而韩国和澳大利亚则从2008年的20名之外跻身2019年第14名和第16名，瑞典、捷克和卢森堡替代了挪威、新西兰和智利的席位。

3. 全球开放度变动概貌

全球约八成经济体扩大开放，中国是其中的典型之一；在近二成缩小开放的经济体中，美国是其中的典型。2008—2019年对外开放指数增长或者下降幅度最大的十个经济体及G20成员情况如图3.2所示。

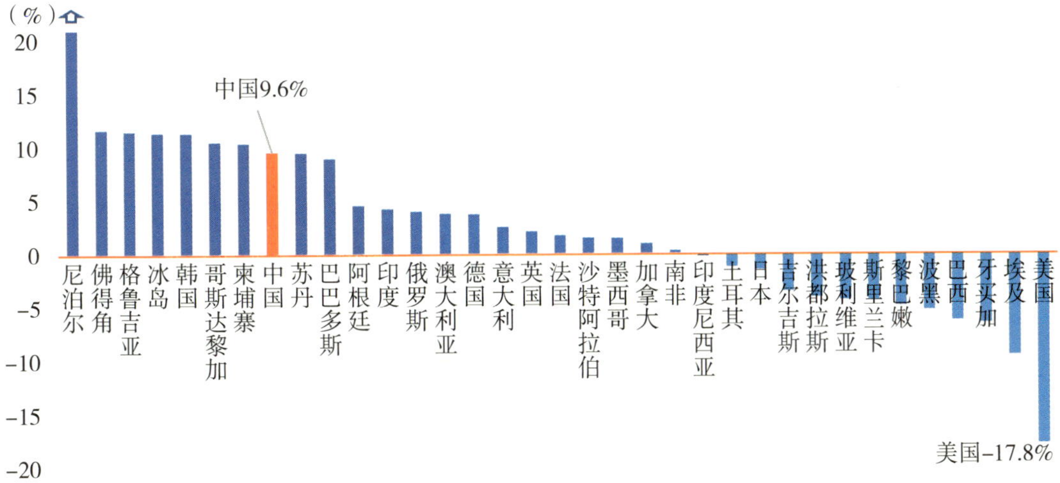

图3.2　对外开放指数：2008—2019年升幅和降幅最大的十个经济体和G20成员

2008—2019年，在129个经济体中，102个经济体扩大对外开放，占比79.1%。其中，开放扩幅最大的经济体是尼泊尔，其对外开放指数增长84.7%；韩国对外开放指数扩大11.4%，居第5位；中国扩大9.6%，在增幅榜中位列第8，均跻身开放扩大最快的十大经济体之列，也是该十大经济体中仅有的2个二十国集团（G20）成员。

20.9%的经济体对外开放之门在缩小。在27个缩小开放的经济体中，开放指数降幅最大的三国依次是美国、埃及和牙买加，降幅分别为17.8%、9.5%和6.5%；G20成员除美国外，还有巴西（–6.3%）、日本（–1.5%）、土耳其（–1.2%）、印度尼西亚（–0.2%）。

从2008年到2019年，有51.5%的经济体开放度排名上升，45.4%的经济体排名下降，3.1%的经济体位次不变（当然其间会有波动）。在129个经济体中，对外开放度排名上升的经济体67个，下降的经济体58个，保持不变的经济体4个。排名上升位次最多的三国为韩国、格鲁吉亚和冰岛，分别提升37位、34位和33位。排名下降位次最多的三国为埃及、牙买加和巴西，分别下降47位、37位和34位。2008—2019年位次升降最多的十个经济体以及G20成员国开放度如图3.3所示。

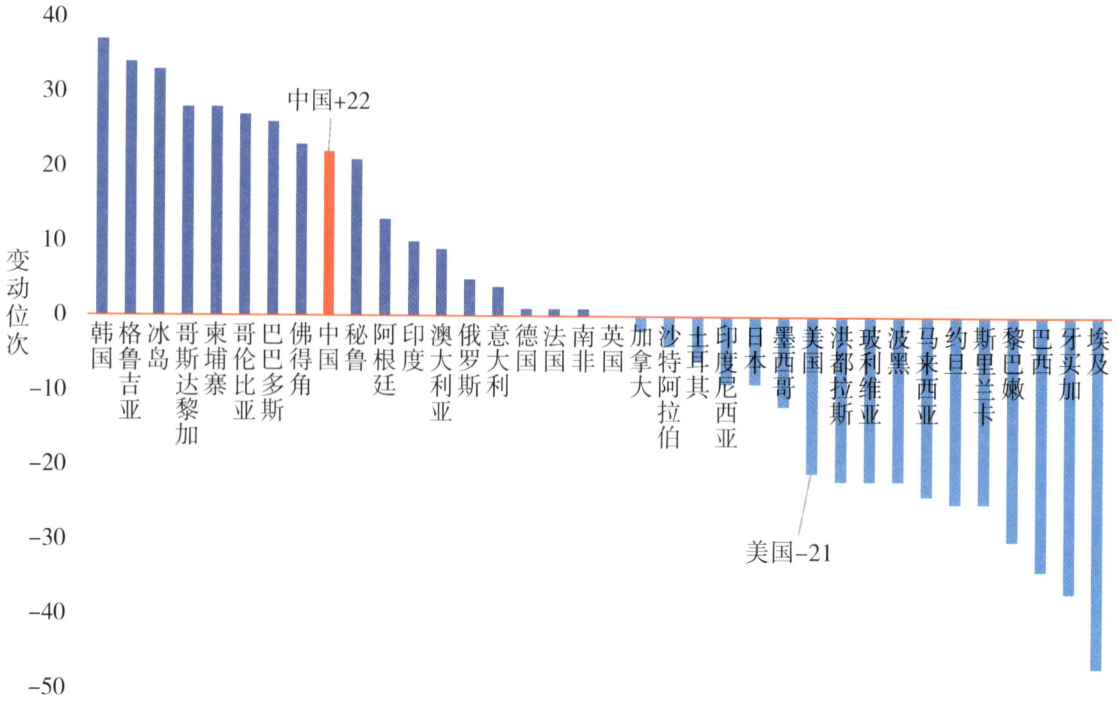

图3.3 对外开放指数排名变动：2008—2019年升降位次最大的十个经济体和G20成员

开放指数升降幅度不均，导致各经济体相应排名并不一定同向或等幅变动。2008—2019年，在扩大开放的102个经济体中，排位上升、不变和下降的经济体分别为67个、4个和31个，占比分别为65.7%、3.9%和30.4%。尼泊尔开放度上升84.7%，但排名仅上升4位。在开放指数上升9%—12%的9个经济体中，升位最多的三个经济体依次为韩国（升37位）、格鲁吉亚（升34位）、冰岛（升33位），中国升22位。开放扩大但排位下降的31个经济体中，斯洛文尼亚和希腊反差最大（开放均扩大0.8%，排名分别下滑17位和16位），保加利亚类似（开放扩大0.4%，排名下滑16位）。缩小开放的28个经济体，其排名全部下滑，少则1位（泰国），多则47位（埃及）。

4. 主要国家对外开放度

4.1 G20集团成员的开放

G20中包含19个国家。本部分所指“成员”，除非另外说明，均指G20成员。

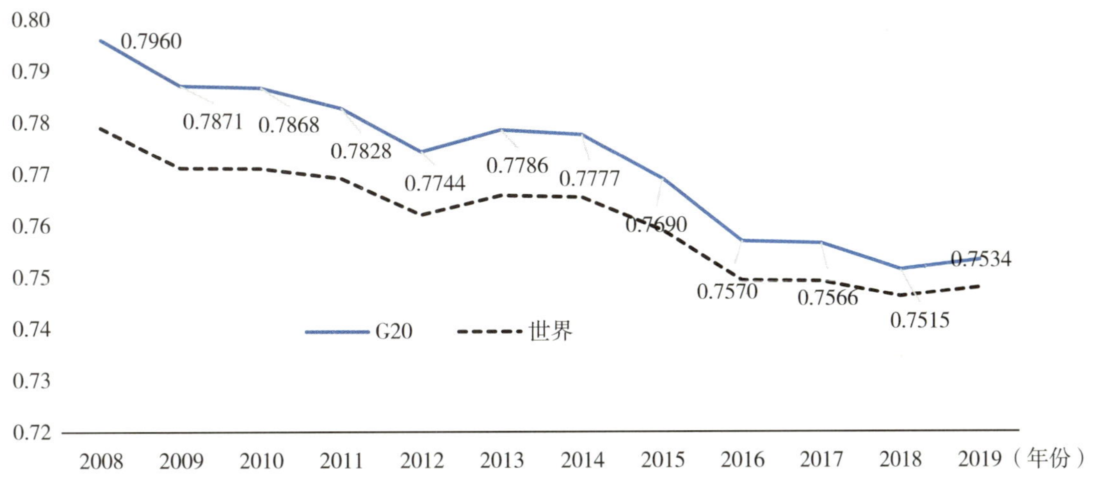

图3.4 对外开放指数：G20和世界（2008—2019年）

G20开放度超过世界平均开放度。2008—2019年，G20开放指数介于0.7534（2019年）和0.7960（2008年）之间，比世界开放指数高0.7%（2018年）至2.19%（2008年）。

G20对外开放度逐年下降。2008—2019年，G20开放度下降5.4%，其中开放度最大的时点是2008年（0.7960），开放度最小的时点是2018年（0.7515）。G20开放趋势同世界开放趋势高度一致，二者之间的相关系数达0.9988。

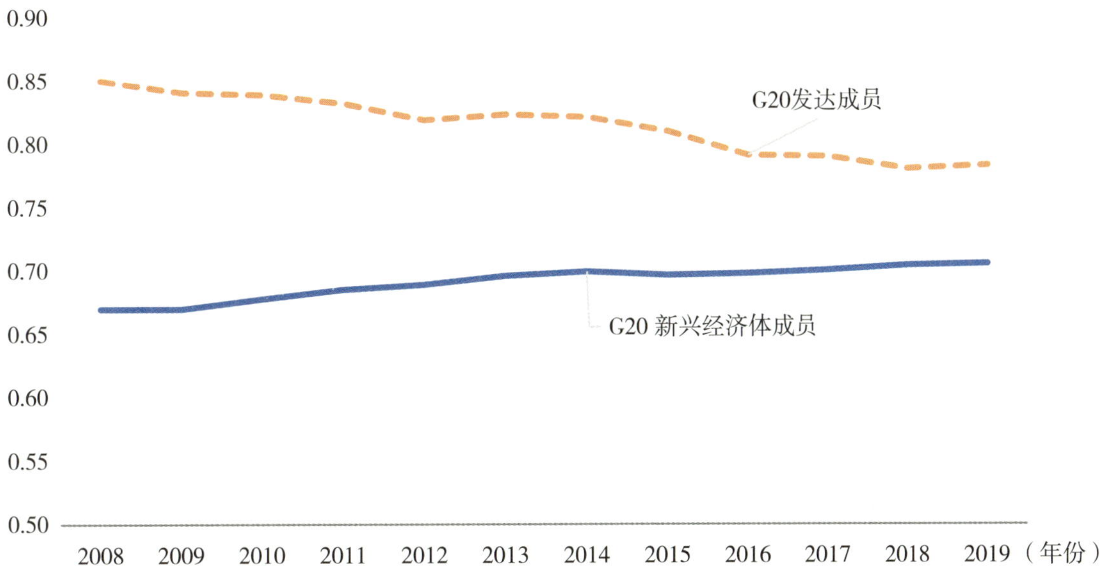

图3.5 对外开放指数：G20发达成员和G20新兴经济体成员（2008—2019年）

G20发达成员比G20新兴经济体成员更开放，但二者之间的差距持续缩小。2019年，G20的8个发达成员加权开放指数为0.7837，新兴经济体成员相应数值为0.7058。样本期内，发达成员对外开放指数下降7.87%，但新兴经济体成员相应数值增长5.3%；结果，前者超过后者的幅度从26.9%降至11%，二者之间的开放差距持续缩窄。

G20发达成员仍然是全球的开放高地。4个发达成员国跻身于2019年全球最开放的十大经济体榜单，分别为德国、英国、法国和加拿大（2008年相应榜单中发达成员高达5个）。另外4个发达成员国意大利、澳大利亚、日本、美国分别居第11位、16位、21位和22位。与此相比，G20新兴经济体成员的排名不仅落后更多，而且彼此间的排名差距也大得多：最开放的韩国①（2019年开放指数0.7718）排名（第14位），仅超过发达成员澳大利亚、日本和美国，开放度最低的巴西排在第99名。

中国等14个成员国扩大开放，美国和日本等5个成员国则缩小开放。样本期间，韩国对外开放指数增长最多，达11.4%；中国其次，增长9.6%。但是，美国降低17.8%，日本降低1.5%，巴西降低6.3%。全球经济体量最大的两个国家开放走势处于极化的两端，引人注目，也发人深省。

4.2 美国的对外开放

作为世界第一经济大国，美国的开放水平及其走势对世界影响巨大。

美国曾经是全球最开放的经济体。在本榜单上，经济体开放指数超过0.9有三次，即2008—2010年的0.9328、0.9145和0.9084，均发生于美国。其中，2008年是本榜单的最高值，那也是样本期内美国最开放的时期。

自2009年开始，美国开放度逐渐缩小，近年来更是加速缩小。在样本期12年间，美国对外开放指数环比下跌的年份达九年，仅两年弱势反弹回升（2013年和2019年），其中跌幅最大的三年依次为2016年（跌4.6%）、2018年（跌3.2%）和2012年（跌2.8%）。2016年正是美国政府换届之年，特朗普政府上台

① 韩国现为发达国家。

伊始，即推行“美国优先”的保守主义政策，在经济、社会、文化等领域纷纷祭出各种缩小开放的举措。2018年，美国对中国掀起大规模经贸摩擦，加速修筑美墨边界墙，加大限制境外移民入美力度。

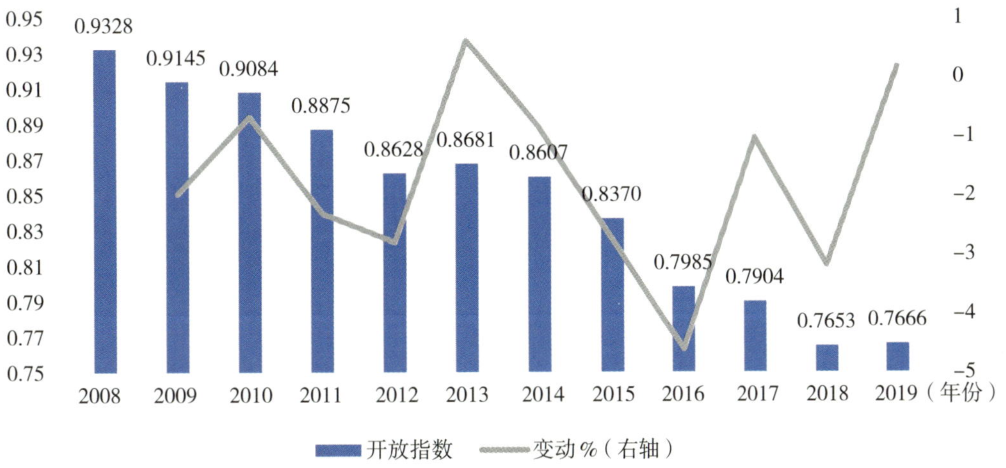

图3.6　美国对外开放指数及其变动（2008—2019年）

美国开放水平的绝对下降，直接导致其在开放榜单上的排位显著下滑。2008—2014年，美国排名第1，2015年退居第3，2016—2019年连续大跌至第7、第10、第19、第22位。

美国加速缩小对外开放，严重拖累世界开放的走势。2008—2019年，美国对世界开放指数的贡献率从28.9%降至22.9%。

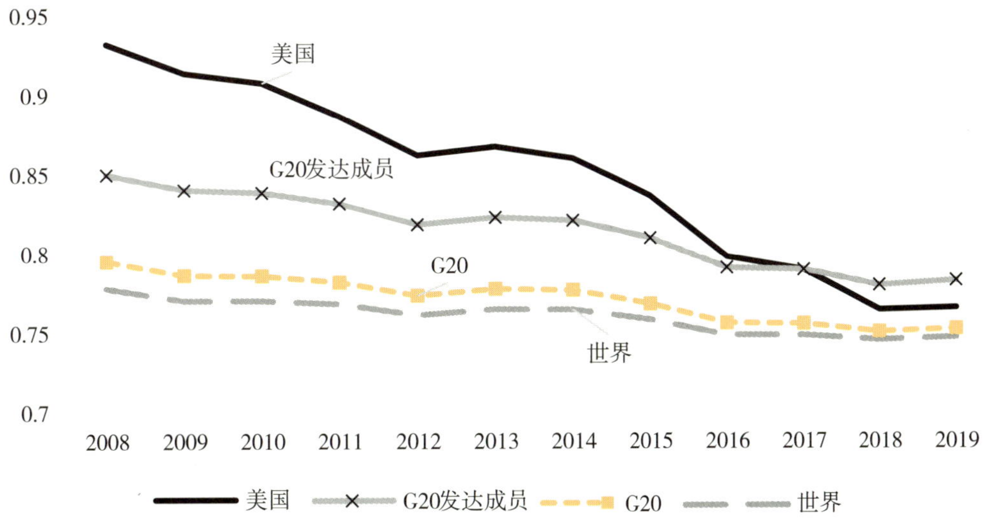

图3.7　对外开放指数：美国、G20和世界（2008—2019年）

4.3　中国的对外开放

中国持续扩大开放。2008年特别是党的十八大以来，中国坚持多边主义，积极参与全球各领域事务。开放指数2008年为0.6768，随后逐年攀升，2019年达0.7420，累计上升9.6%，升幅在G20成员经济体中仅次于韩国，在全球129个经济体升幅榜中排第9位。

持续扩大的开放，提升了中国在全球开放榜单上的名次。中国2008年排名为第62位，逐年上升，到2019年已升至第40位，比2008年上升22位。

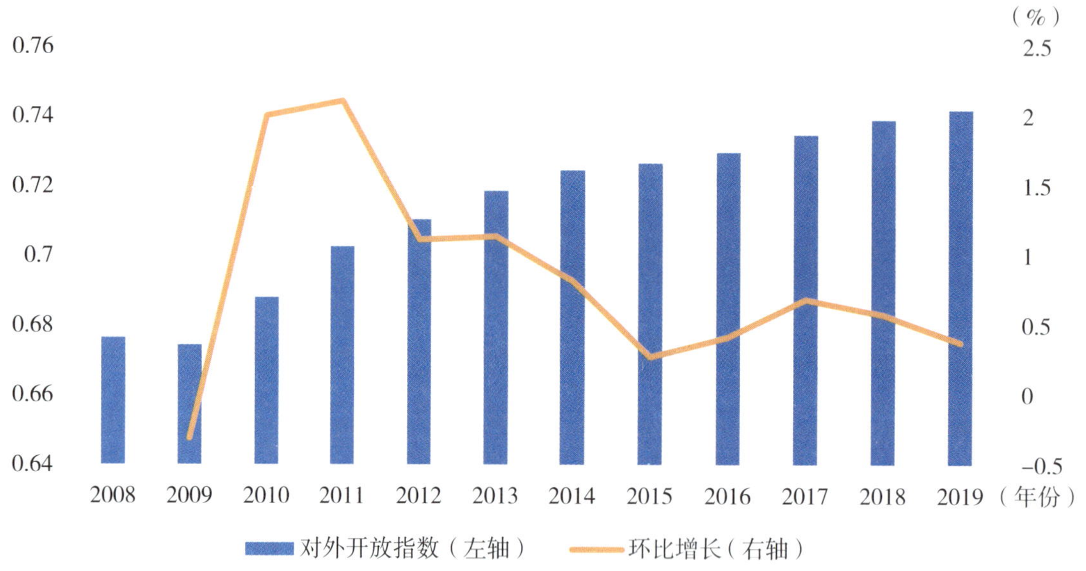

图3.8　对外开放指数：中国（2008—2019年）

中国成为世界开放大局中的积极力量，有力缓和了全球开放不断缩小的势头。如图3.9所示，在样本期间，世界整体、G20整体或G20发达成员的开放均呈缩小势头，但中国“逆势而行”，持续扩大开放。

2008—2019年，中国在世界经济中的份额从全球第3位升至第2位并持续保持至今，加大了对世界开放大局的影响力。中国正成为世界扩大开放的积极力量，为促进人类的和谐交融继续贡献正能量。

（二）各地理区域的开放度

基于世界银行的标准，纳入本报告的129个样本经济体，可按所在地理区域分

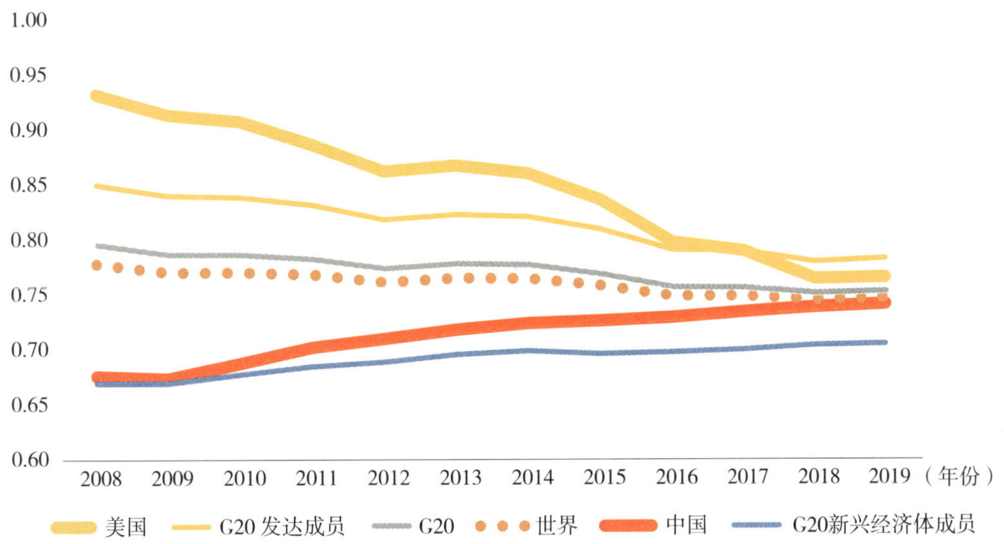

图3.9　对外开放指数：中国、美国、G20和世界（2008—2019年）

为7个区域，分别为东亚和太平洋地区（19个经济体）、欧洲和中亚（43个经济体）、拉美和加勒比（23个经济体）、中东和北非（12个经济体）、北美（2个经济体）、南亚（5个经济体）、撒哈拉以南非洲（25个经济体）。各区域对外开放指数均为区域内各经济体开放指数按2010年不变价GDP份额加权而来，具体如图3.10所示。

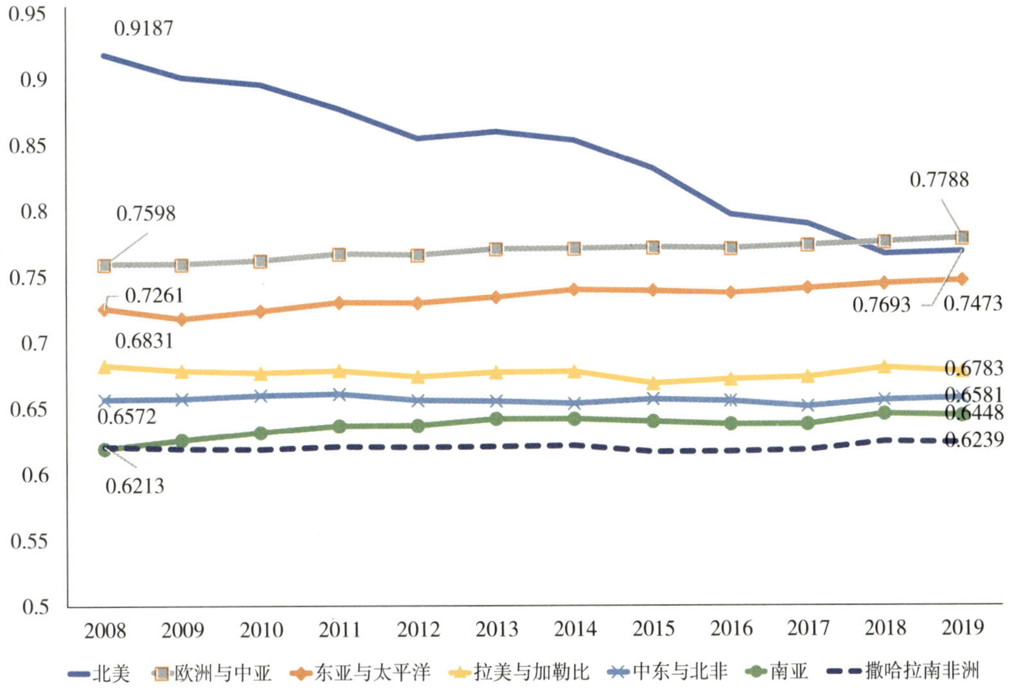

图3.10　开放指数：各地理区域（2008—2019年）

在七大地区中，北美以及拉美和加勒比地区的开放都在缩小。2008—2019年，北美开放指数下降16.3%，拉美和加勒比地区开放指数下降0.7%。北美地区包括美国和加拿大，其中加拿大开放度提升1.0%，但美国下降17.8%。美国以其25%的全球经济份额，拖累了地区和全人类的跨境开放步伐。

其他五个地区的开放均呈扩大势头。按幅度自高而低，南亚地区扩大4.0%，东亚与太平洋地区扩大2.9%，欧洲与中亚各扩大2.5%，拉美与加勒比地区扩大1.9%，撒哈拉以南非洲扩大0.4%。其中，东亚和太平洋以及南亚占全球经济总量的35%，占全球总人口的58%，其领先全球扩大开放的势头对缓解世界开放度的下降自然很重要。

（三）开放度与经济发展

开放度和经济发展关系较密切。2008—2019年，全球129个经济体的人均GDP同开放指数之间的相关系数为0.7392。129个经济体该指标在样本期内各年的数值如图3.11所示。样本期其余十年该相关系数均介于0.73和0.77之间，11个相关系数的标准差仅为0.028，显示该序列值很稳定。

开放度与经济发展之间的相关性会因经济体之间的特定差异而呈现异质性。图3.11显示，各经济体的开放度和经济发展表现出共同的趋势性（见图中开放指数趋势线），但也存在异质性。

其一，整体而言，经济越发展，开放指数越高。在人均GDP达到2000美元以前（图中第1条竖线），开放指数随经济发展近乎线性提高。在人均GDP处于3000—5000美元（图中第1、2条竖线之间）时，开放指数上升势头放缓，甚至掉头下降。

在人均GDP处于5000—45000美元（图中第3、4条竖线之间）时，开放指数较稳定地上升，随后升势又渐缓。按此，二者的关系可以分成如下四个阶段来观察：阶段Ⅰ，人均GDP达到2000美元之前；阶段Ⅱ，人均GDP处于2000—5000美元；阶段Ⅲ，人均GDP处于5000—45000美元；阶段Ⅳ，人均GDP在45000美元以上。

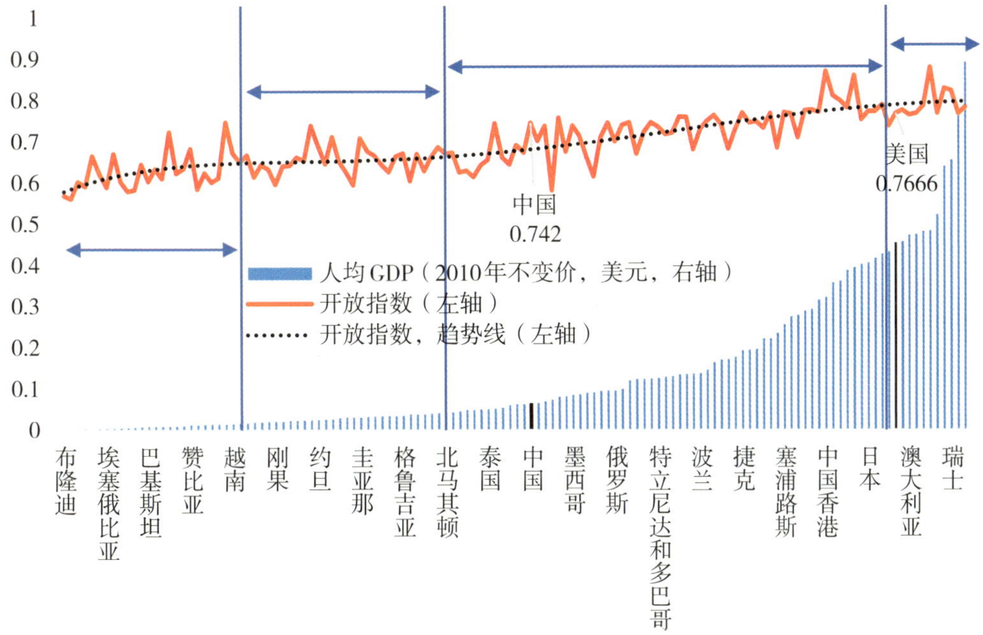

图3.11　开放指数与人均GDP：129个经济体（2019年）

从阶段Ⅰ到阶段Ⅲ，开放度与经济发展的关系越来越紧密：经济越发展，开放度越高，反之也成立。在阶段Ⅳ，二者的紧密性则大幅下降了。如图3.11所示，开放指数同人均GDP之间的相关系数，在阶段Ⅰ为0.4367，在阶段Ⅱ升至0.4818，在阶段Ⅲ升至最高的0.763，在阶段Ⅳ则大幅降至0.2139。

其二，开放与发展之间关系的稳定性因不同发展阶段而异。无论从理论还是从实践来看，开放度都只是影响发展的诸多因素之一。图3.11显示，多数经济体的开放度围绕开放指数与人均GDP的趋势线上下波动。如果说该趋势线展示了二者之间的理论关系或长期趋势，那么这些波动则展示出二者关系在实践中的多样性。变异系数，即序列的标准差除以其均值，可测度该序列围绕均值的波动程度。如上图所示，从阶段Ⅰ至阶段Ⅳ，开放指数的变异系数依次为0.0732、0.0584、0.0842和0.0432。这说明，开放度在经济发展到阶段Ⅰ时波动会较大，在阶段Ⅱ的波动比阶段Ⅰ下降约20%，在阶段Ⅲ的波动比阶段Ⅱ暴涨44%，在阶段Ⅳ的波动则比阶段Ⅲ下降49%。

开放度同发展的关系，也可以将129个经济体分为四个收入组来考察。收入分组的统计标准来自世界银行，包括如下四个组：高收入组，中高收入组，中低收入组，低收入组。2008—2019年这四个组的关系参见图3.12。该图显示的结论同基于129个经济体的上述分析结论一致。

综上所述，经济发展水平越高，开放度往往会越大，二者之间的关系越紧密；人均GDP低于2000美元或处于5000—45000美元时，开放度会较快扩大但波动也会较大；人均GDP在2000—5000美元或超过45000美元后，开放度会较稳定地迈向更高水平。当前，多数经济体的发展远未达到阶段Ⅳ，开放度较大幅度地波动。

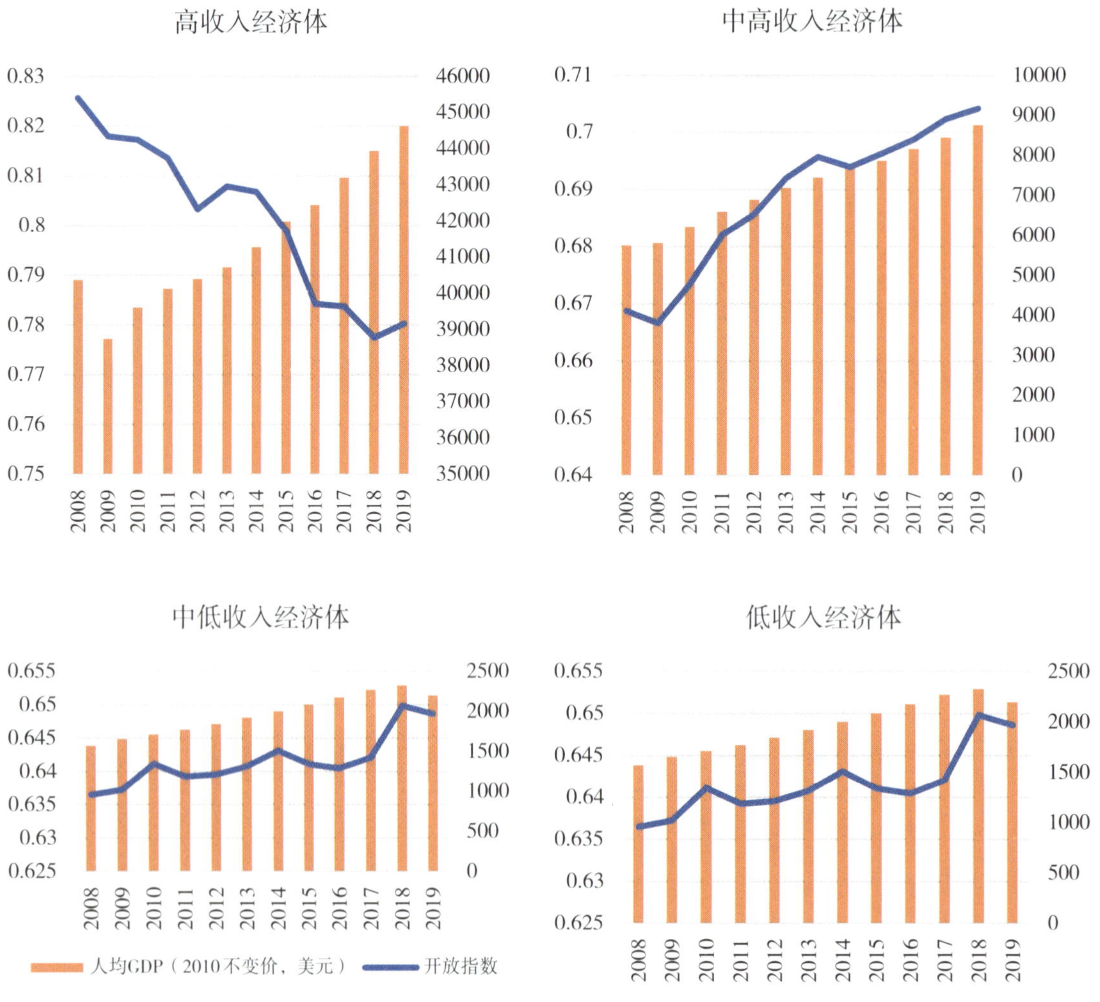

图3.12　开放指数与人均GDP：不同收入组（2008—2019年）

（四）开放度和经济规模

经济体的开放度同其规模的相关性很低。如图3.13所示，129个经济体的

GDP同开放指数的相关系数2018年为0.2359，2008—2019年为0.2561，远低于相应的“开放指数—人均GDP”相关系数0.7408和0.7391。

图3.13显示，2019年，整体来看，开放指数似乎是随经济规模的扩大而上升的。但是，在经济规模较小、中等、较大的经济体中，都有部分经济体的开放指数不高，开放度并没有按经济规模上升那样线性扩大。围绕开放指数—经济规模趋势线，各经济体的开放指数几乎均存在幅度很大的波动。这显然反映了经济增长同开放度之间较为复杂的关系：部分经济体的经济增长所伴的开放度高于类似规模的其他经济体，而部分经济体则与此相反或者关系不明确。以特定个别经济体而言，在经济规模相同时，开放度可能也会不同。

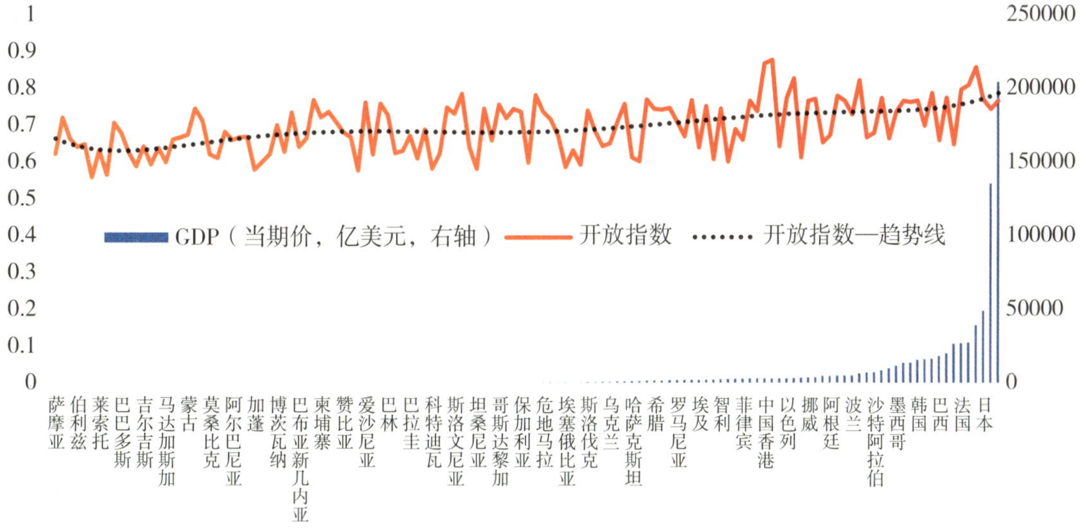

图3.13　开放指数与GDP：129个经济体（2019年）

将129个经济体细分为如下三个组：万亿组，即2019年GDP超过1万亿美元的经济体16个；千亿组，包括GDP介于1000亿美元至1万亿美元之间的经济体41个；百亿组，包括GDP不足1000亿美元的所有经济体72个（含不足100亿美元的经济体13个）。这三组经济体按GDP规模由小而大排列，其开放指数数值如图3.14所示。

GDP超过万亿美元的经济体具有高且稳定的开放度。2019年，百亿组经济体的开放指数（以当期价GDP份额为权数）为0.6795，千亿组为0.7287，万亿

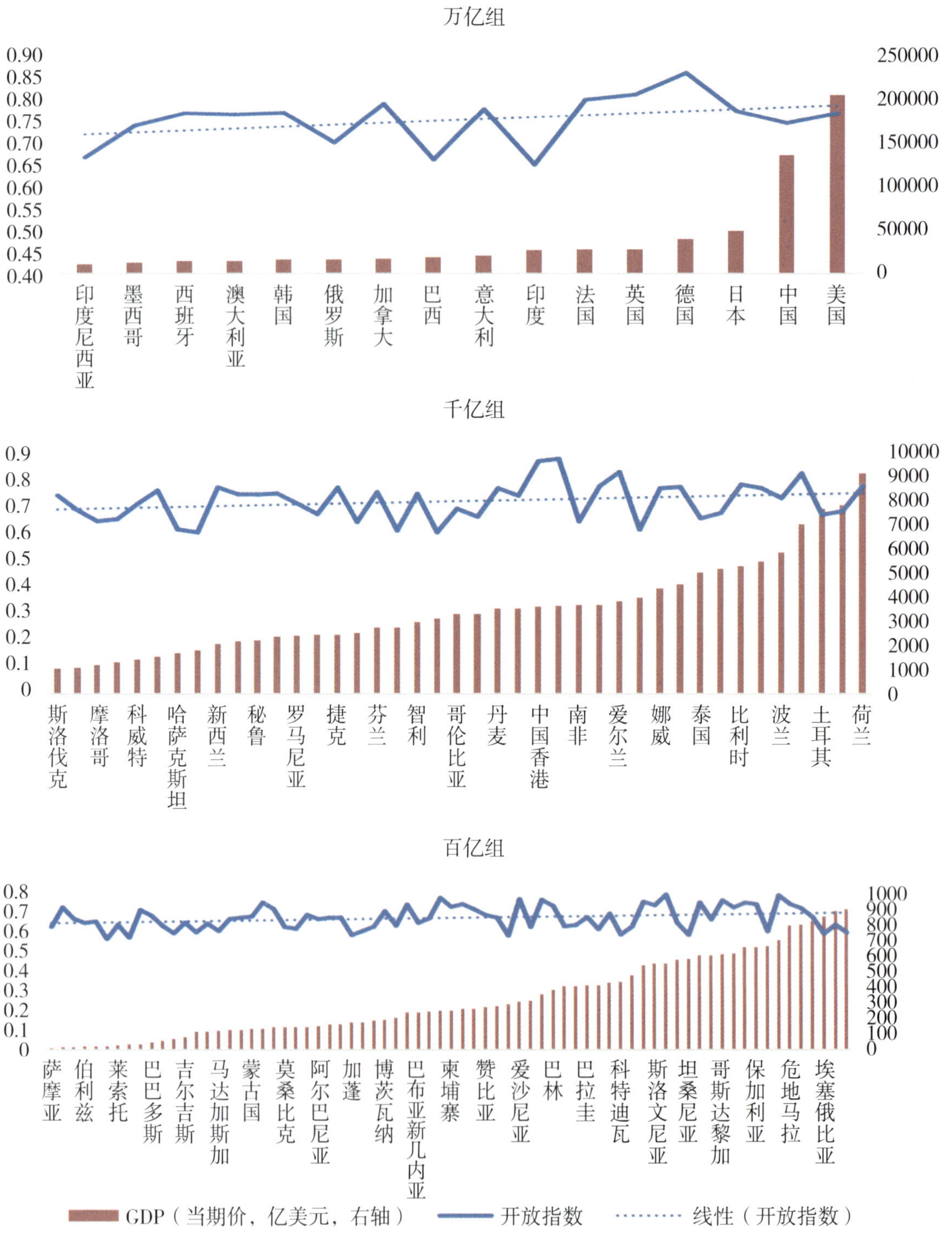

图3.14　开放指数与GDP：3个规模组（2019年）

组为0.7621。显然，经济体的规模越大，经济就越开放。相应各组开放指数的变异系数分别为0.087、0.181和0.076，其中千亿组经济体开放指数的波动远大于其余两个组。

具体地，在大型经济体（GDP达到万亿美元级别）和小型经济体（GDP低于百亿美元），“开放—经济规模关系”均较稳定，其中大型经济体比小型经济体更稳定。随后两图显示，这两类经济体的开放指数围绕趋势线的波动均较少，不过开放度也是多样化的：有的大型经济体开放度高，有的大型经济体则较低，尽管整体上随规模略有上升；在小型经济体，开放度反倒随经济规模增大而显著下降。这再次显示，经济增长是复杂的，开放是影响其表现的因素之一。

三 对外开放度的大小与合意性分析

什么水平的开放是最好的，或者说是最优的？从本报告各经济体的开放指数分布看，各国开放度与其经济发展水平高度相关，但并不呈现完全的线性递增关系。鉴于“开放—发展”关系的复杂性，最优开放度并不易找到。从理论和实践看，**最优的开放应当是合意的开放，合意的开放反映为均衡的开放**。

开放合意性应当从静态和动态、被动和主动等多角度去考察。第一，在各变量都属于同一时期的静态系统中，开放与众多影响因素或变量相互作用，从数学的角度理解必须是收敛的，如果发散必然走向无序和混乱。在众多变量作用下收敛于某一点，就是开放的静态均衡点。**第二，**经济系统中各种变量将随时间推移而变化，并在不同时期、不同发展水平上有一系列的“**黄金结合点**”，**这种动态均衡状态，强调的是开放与发展阶段的相互配合**。从事物发展的规律看，事物永远是运动的，开放均衡只能在动态中实现。**第三，**从主观能动性的哲学角度，开放要体现人类向前发展的大趋势，引领和促成向更高水平的均衡点运动。这里强调的是开放理念引领、实践推动，主动改造客观世界。

具体分析，各国开放在理论和实践中需要**把握好以下几方面“均衡”的内涵**。

一是开放程度与发展水平的均衡。从各经体济年份横截面数据看，人均GDP高的经体济开放度相对较高。大经济体和小经济体表现虽有所不同，但总体表现出开放与发展水平正相关关系，这符合经济发展规律。与发展水平不相适应的过度开放和保守，都是偏离均衡的，容易造成发展失序和社会冲突。每个经体济在任何领域的开放既会产生成本，也会形成收益，二者之间一定有一个均衡点，即开放的边际成本等于开放的边际收益，由此确定“最优关税水平”和“最优资本保护水平”等。**开放不能“束手束脚”，旧观念的思维框框、既得利益的樊篱、过度保守的开放，都会阻滞内在发展需求的释放，导致丧失全球化机遇和国际空间；开放也不能“傻大胆”，完全地、彻底地开放，打开纱窗放入蚊虫，也不可能实现发展和福利水平最优化，开放必须适应本国发展水平**。

二是开放进度与竞争力提升的均衡。**开放不是“一开了之”，而是需要开放水平与产业能力提升相互配合，这一均衡的实现是一个复杂过程，也是一个动态调整的过程**。处于经济起飞的发展中国家，需要根据经济发展制定相应的开放策略。关键是练好内功、兴利除弊，推动比较优势的利用、转换和升级。**没有能力提升的开放走不远，没有动态开放的竞争力难以维持**。一旦学习能力提升、生产力发展了，原先实行的保护政策就要调整放开，这对己对人都有利。

三是开放本领与治理能力的均衡。不同经济体类似的开放政策导致的开放结果差异显著。“橘生淮南则为橘，生于淮北则为枳”，反映了开放本领与国家治理水平的适应匹配问题。国家治理水平更像是水，“水无形而有万形”。**一国开放政策需要处理好独立自主和对外开放的关系，把握好世界发展大势，有效对接国际规则，适应治理水平、治理能力这些“软”实力约束，而国内各领域的体制机制也需要不断完善，以治理现代化适应“开放型”经济发展的现实要求**。世界贸易组织成立以来新加入的30多个成员，有的抓住机遇发展较快，有的成效并不显著，关键在于开放能否与国家能力匹配，能否把握好“度”。从后发国家的开放发展经验看，开放与改革需要齐头并进，以开放促改革，不断提升国家治理水平，不断探索更高水平的开放，形成良性动态平衡。

四是开放实力与责任担当的均衡。面对国际治理赤字，**一个国家特别是大国的开放要“立己达人，兼济天下”，实现国家发展与共同发展的有机结合**。各国要在做好自身发展中推动开放，增强开放实力，同时承担起推动建设公平公正国际秩序的责任，展现担当和推动力。发达国家和大国，更加需要把发展自己与建设开放型世界紧密联系起来，主动担负起世界开放发展之责，**以自身更大开放带动世界更加开放，为国际社会提供公共产品，积极引导全球化走向，推动构建更加公正合理的国际治理体系**。

五是开放获益与包容共享的均衡。开放为的是发展，根本目的是增进民生福祉。当前，世界基尼系数高达0.7左右，远超国际警戒线。全球发展过度失衡，世界难以安宁，更多的发展中国家需要通过开放，积极参与全球价值链分工，弥补发展鸿沟。一国发展过度失衡，社会容易动荡，国内政策需要加大调节力度，化解开放带来的贫富差距问题。**各国需要共同努力，树立正和思维，摒弃零和博弈，做到在开放中平等共治，促进更加全面、均衡的开放，不断做大"蛋糕"和分好"蛋糕"，争取帕累托最优，迎来人类美好未来。**

人类的开放史十分长远，但基于最新一轮世界市场的开放仍然只是20世纪90年代以来才发生的现象，迄今才30余年。当今世界，跨境开放仍然是时代发展的潮流。与经济开放不同的是，社会、文化开放涉及人员的跨国流动，这一流动受交通、文化、语言等因素的制约，无法做到和货物贸易一样畅通，因此，社会和文化开放远远没有达到最优开放度。开放度提高意味着社会福利改善，更高的开放水平是一国理应追求的目标。同时，需要将开放度和一国经济社会发展的现状相结合，从合意开放的角度对开放水平和开放绩效加以客观、科学的评价。

四　世界开放指数分析的主要结论

开放指数清晰地描述了世界主要经济体的开放水平及其动态趋势，为开放政策的选择提供了参考路径。

其一，世界开放的潜力依然非常大。2019年，单个经济体开放指数的最高值为0.8646（新加坡），不仅低于榜单上的最高值（美国2008年，0.9328），而且明显低于理论限值1。事实上，就本指数测度的跨境人员开放（社会领域）和信息知识技术开放（文化领域）而言，各经济体的跨境开放潜力更为巨大。

其二，扩大开放符合全人类共同利益。本报告前述分析显示，经济的发展或者增长（累积形成经济规模）都同开放正相关，尽管这种正相关会因各经济体的异质性（如发展阶段、政策选择、人口、地理区位等）而或强或弱，或松散或紧密。越开放越发展是不争的事实，我们应对世界开放的前景充满信心。

其三，开放应遵循实事求是的原则。合意的开放是均衡的开放，不是开放越大越好，不是开放越快越好，而是要立足国情、世情，把握好开放的“度”，以改革发展之需、国情特质之需、提升能力之需、担当国际责任之需为依归，切实把握好开放的力度、程度和速度。

其四，开放的理论有待进一步建构。在经济学领域，经济发展同开放的理论关系得到较为明确的建构。在其他领域，比如社会发展和社会开放之间的理论关系、文化发展和文化开放之间的理论关系、综合国力同综合开放之间的理论关系，仍待有力建构，以便更科学地指导全球的开放实践。

其五，开放指数本身仍待完善。开放指数的理论、方法及数据之间的异质性有待改善；开放指数的时序长度和经济体数量有待拓展；指数发布时效的滞后有待通过改善基础数据的预估性来缩短。

综上所述，开放带来人类福祉的增进，是文明复兴的必由之路；重回封闭，只会缩小人类发展空间，甚至重蹈20世纪30年代大萧条的覆辙。在历史的惨痛教训中，人类应该反思，富民强国无法在封闭中实现，共享共荣必然是开放下的预言。

第四章

经济全球化与世界开放大势

经济全球化是当今时代的基本特征。冷战结束后全球化快速推进，各国经济以前所未有的速度融合在一起，促进了世界发展繁荣和人民福祉改善。然而，全球化与逆全球化总是相伴相生。近年来由于各国发展失衡，尤其是受到新冠肺炎疫情冲击，逆全球化抬头，促使更多人反思全球化利弊。但总的来说，经济全球化是不可逆转的历史大势，当前的“逆流”符合“螺旋式发展”规律，随着新一轮规则整合与技术革命，全球化将在曲折中开启新征程。

一　经济全球化的发展历程

（一）15世纪之前，丝绸之路与经济全球化的早期探索1.0版

经济全球化是工业革命后出现的一个概念，但在很早之前，人类就开始对外部世界进行探索，其中**最为知名的就是古代丝绸之路，它可以说是经济全球化的发展雏形**。古丝绸之路第一次繁荣期出现在汉朝，张骞出使西域后，丝路贸易在中国、印度、东南亚、斯里兰卡、中东、非洲和欧洲之间迅速发展。当时，即使要穿沙漠、骑骆驼，依然挡不住世界各国的交往步伐，欧亚贸易大动脉就此打通。第二次繁荣期出现在唐朝，商路再度繁荣，商品范围也更加拓展。随着阿拉伯帝国崛起和中国经济中心南移，海上丝绸之路日见兴盛。到宋朝时期，海上丝绸之路逐步取代西北丝路。同时，在广袤的欧亚大草原上，无论是早期的斯基泰人，还是后来的匈奴人、粟特人、突厥人、蒙古人，几千年来都

在推动草原丝路的绵延和发展。

（二）15世纪末至20世纪初，世界市场的形成2.0版

欧洲各国陆续开始工业革命加上航海技术发展，推动了人们开始远航，哥伦布发现了新大陆，麦哲伦实现了环球航行，伴随着殖民扩张，人类活动开始遍及五大洲、七大洋。第一次世界大战前移民还不用护照，有3000多万人移民美国，1200万人到加拿大、阿根廷，可以说是第一次全球化高潮，**统一的世界大市场开始逐步形成**。这一阶段的国际贸易主要是由于工业革命的推动，英国、法国、荷兰等国家率先完成工业化，大规模的现代生产出现，急需原材料供给和世界市场。在利润的驱使下，资本主义国家在全球寻求资源和拓展市场，促进了世界各国联系，世界市场初步形成，为日后的经济全球化奠定了坚实基础。正如马克思所说，“资产阶级，由于开拓了世界市场，使一切国家的生产和消费都成为世界性的了。”

（三）两次世界大战时期，生产和贸易全球化加速3.0版

两次世界大战之后，出现了东西方两大阵营。西方资本主义国家构建了布雷顿森林体系与关税及贸易总协定、国际货币基金组织和世界银行三大支柱，**标志着经济全球化开始从自发走向制度化，**生产和贸易全球化加速，技术和产业转移加快，出现了全球化的第二次高峰。战后国际秩序的恢复和国际组织的建立，为各国提供了相对和平宽松的环境，**跨国公司成为这一时期经济全球化向纵深发展的主要推动力量**。第二次世界大战后是跨国公司发展的黄金时代，仅1968—1969年全球新建跨国公司7200多家，国外子公司27300多家。这一时期，国际贸易迅猛发展，1991年世界贸易额是第二次世界大战结束时的60倍（见图4.1）。同时，苏东社会主义国家成立了经济互助委员会，内部紧密合作。世界出现了两个平行市场。

（四）冷战结束后，经济全球化迅速发展4.0版

冷战结束后，经济全球化迎来大发展。原苏东国家实行经济转轨，走上了

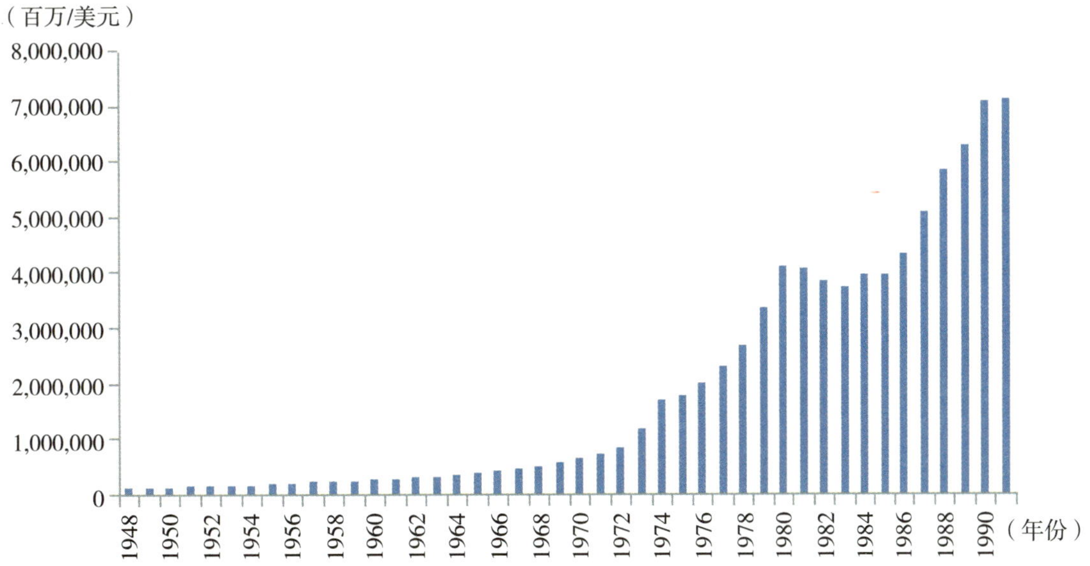

图4.1　第二次世界大战后至20世纪90年代的世界贸易额

资料来源：世界贸易组织。

市场化改革的道路，世界贸易组织取代关税及贸易总协定，特别是在新科技革命推动下，信息、资本和商品在全球流动加快，地球上空间距离“缩短”了，通信信息的“时间差”消失了，这种局面加快了经济生活的国际化，世界变得空前开放。**世界各国原有的“一国经济”跨越国界走向一体化的“世界经济”，推动贸易、资本、生产、消费、技术、服务、组织等全方位的全球化，形成了全球产业链、供应链、价值链，从而形成全球相互依赖、相互支撑的经济格局。**这一时期（1990—2019年），世界贸易总量增长5.4倍，世界投资存量增长15.3倍，世界航空客运量增长4.5倍。中国于2001年加入世界贸易组织，全面融入世界市场，成长为第二大经济体、第一货物贸易大国。2001–2020年，中国对外贸易占世界贸易的比重从4%提升到13.1%，吸引外资流量比重从6.1%提升到15%，对外投资流量比重从1%提升至18%，成为推动经济全球化不断向前的重要力量。由于新冠肺炎疫情大流行，2020年世界贸易总量下降5.3%，全球外国直接投资下降42%，全球航空客运量锐减67%。IMF、WTO预计，2021年全球经济增长6.0%，全球贸易增长8%。

专栏4-1 波音与苹果的生产全球化网络

全球化最为典型的案例就是波音飞机和苹果手机，其制造流程就是生产全球化。787客机将产业链全球化做到了极致，在727项目中，外国供应商的工作量只占2%；到777项目，这一数据升至30%；而到787项目，达到了惊人的70%。在一架飞机的总价值中，机身、机翼、尾翼、起落架的占比约为40%。在787客机中，有几百万个零部件，意大利的阿莱特尼和美国的沃特飞机工业公司负责机身的中心部分，机翼、尾翼的大部分由三井、三菱、川崎三家日本重工业财团垄断。而波音自己只负责建造飞机约35%的部分以及最后的总装。对此，波音CEO康迪特有句经典描述："我们就是一个装配公司，或者叫设备集成商。"苹果手机的全球供应商有766家，来自28个国家和地区，其中美国供应商69家，中国供应商346家，日本供应商126家。

瑞士经济学会的研究报告印证了这一历程，20世纪90年代以来，世界全球化指数快速上升，从1990年的43.3上升到2018年的61.8，开放度增长接近1.5倍；2008年国际金融危机后，各国开放程度有所趋缓，但仍保持一定的增长幅

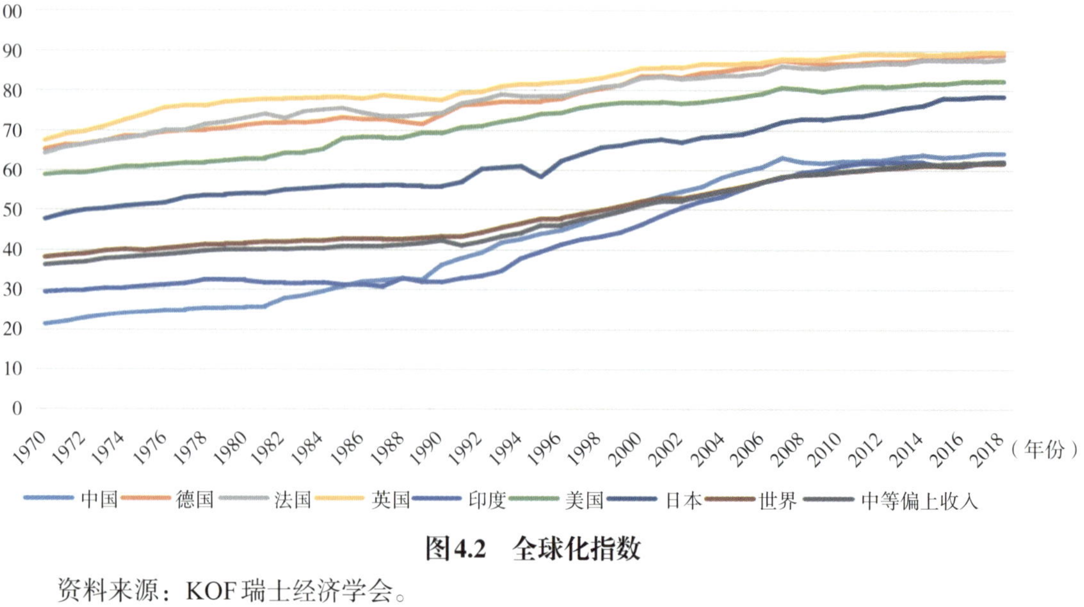

图4.2 全球化指数

资料来源：KOF瑞士经济学会。

度，平均维持在60左右的中高水平；中国、印度等发展中国家这一时期开始快速融入世界，中国全球化指数从36.3增加到64.3，超过了世界平均水平甚至中高收入国家水平，印度全球化指数从31.9增加到62.2，与世界平均水平大体相当。**与发达国家相比**，中国、印度等发展中国家的全球化指数低了20—30个百分点。**一般来讲，经济全球化与世界各国开放互相促进，经济全球化越发展，客观上要求世界各国越开放，而各国政策越开放，越能促进全球化深入发展。**

二　经济全球化的阻力增大

“其进弥骤，其途弥险”，经济全球化是一把“双刃剑”，动力与阻力同步增长。2008年国际金融危机以后，很多国家民粹主义、极端民族主义抬头，将自身问题归咎于经济全球化，掀起了一股逆全球化的浪潮，经济全球化进入调整、蓄势、再出发的新阶段。

（一）保护主义思潮抬头

经济全球化在做大“蛋糕”的同时，分好“蛋糕”的问题凸显，增长与分配、资本与劳动、效率与公平的矛盾日益突出，全球贫富差距过大，世界基尼系数高达0.7左右，全球化的“受损者”日益不满，掀起一股全球性的保护主义思潮。近年来，先后出现英国脱欧、中美经贸摩擦等重大事件，一些国家极右或极左政党崛起，对内强调本国利益至上，对外采取保护主义政策，反对经济全球化。据WTO 2021年6月发布的一份报告，自新冠肺炎疫情暴发以来，G20经济体采取的140项和贸易相关的措施中，其中39项（28%）为贸易限制性措施。

专栏4-2　历史上的民粹主义运动

历史上民粹主义运动出现过三次高潮。第一波由1870年俄国民粹派运动和1892年美国人民党运动构成，都维护农民阶级利益，反对资本主义的主张。第二波是20世纪30—60年代的拉美民粹主义运动，推行一系列具有民粹主义色彩的经济政策。“政治主权、经济独立、社会正义”的庇隆主义在拉美国家影响深远，歌唱庇隆夫人的“阿根廷别为我哭泣”植根人心。第三次浪潮是20世纪八九十年代，一些亚太国家和地区政治转型过程中，产生声势浩大的草根运动，这些运动带有强烈的反独裁、反威权、反权贵精英的趋向，矛头指向财富分配的公平正义问题。

（二）全球价值链面临重塑

金融危机后，发达国家开始考虑经济全球化带来的产业空心化风险，很多国家都试图重振制造业，美国提出了“制造业回流”，在税收、外贸、投资等政策方面向制造业特别是中小企业倾斜，取得了一定成效。同时，各国开始了以新一代信息技术广泛应用为特征的第四次工业革命，以德国汽车工业转型为例，从传统的大批量生产转变为基于数字技术和人工智能的个性设计与定制生产，使制造业回流更具可行性。研究发现，经过之前的高速成长，全球价值链分工模式已经接近“天花板”。根据WTO等联合发布的《全球价值链发展报告2019》，2007—2017年，全球价值链平均参与度总体下降了4个百分点。全球价值链呈现出阶段性收缩、“去中心化”及“本地化生产”等趋势。

专栏4-3　全球价值链发展新趋势

根据全球投入产出数据库的测算，2011—2015年，单纯由本国生产本国消费的生产活动创造的增加值增加了近15万亿美元，而有两国以上参与的全球价值链生产活动创造的增加值下降了0.3万亿美元。预计到2030年，中间品的离岸生产活动占整个生产活动的比重可能将从当前的9.4%下降到8.8%。

（三）国际规则重构博弈加剧

国际力量对比“东升西降”是最具革命性的变化，新兴市场话语权和影响力增强，发达国家和发展中国家利益诉求明显分化。新兴市场和发展中国家群体性崛起，经济及贸易的世界占比，都比20世纪90年代提高了20个百分点左右，对外投资占比提高了18个百分点。发达国家要求新兴市场国家承担更大国际责任，致力于通过规则来维护和强化竞争优势，从自由贸易转向所谓的“公平贸易”。新兴市场国家群体性崛起，不愿被动承受超过自身发展阶段和竞争力水平的“国际责任”和“约束条件”。同时，发展中国家参与国际治理的意愿和能力不断提升，推进全球治理体系更加公正合理，这些需要持续努力。同时在跨境电商、知识产权、数字经济、新兴服务业领域乃至生态、文化等“泛经贸”新兴领域，各国诉求更加多元。

专栏4-4　美欧碳边境税

应对气候变化是全球面临的挑战。1992年，联合国大会通过《联合国气候变化框架公约》，确立了国际合作应对气候变化“共同但有区别的责任”等基本原则。各国以“自主贡献”形式积极推动碳达峰、碳减排、碳中和。欧盟、美国等西方国家加快实施“碳边境调节机制”。2021年7月，欧盟委员会推出“碳边境税”征收计划，拟对进口的钢、水泥、化肥以及铝等碳密集型产品征税，以此保护欧盟企业不会因采用更高环保标准而处于竞争劣势。

（四）国际治理“赤字”备受关注

全球发展深层次矛盾日益突出：全球问题增多，解决方案不足；全球规则增多，国际协同不足；全球市场扩展，规制监管不足。2016年以来，一些大国内顾倾向明显，在全球性问题上的立场和观点明显分化，采取“更具选择性、更为务实的态度”。在多边贸易体制方面，世界贸易组织多哈谈判举步维艰，上诉机构甄选程序被阻挠，争端解决机制（DSB）陷入瘫痪，多边主义权威性受到削弱。国际投资领域缺乏类似的多边机构和统一的标准和规则。国家之间贸易壁垒及相关制裁措施加剧，增加了政府监管和企业经营成本。在国际金融、数字经济、互联网等各领域，新商业模式不断出现，规则体系建设也显著滞后商业界现实需要。新兴市场和发展中国家虽然硬实力有所上升，但软实力仍然匮乏，参与国际经济治理的能力仍有待提高。

三　经济全球化的动力犹存

从历史长镜头看，任何事物发展都有其内在规律，经济全球化的内在驱动力量，通常被认为是由自然或人为原因导致的国际交易成本下降，是生产力发展和科技进步的结果。中国对外开放，柏林墙倒塌，计划经济国家市场化转轨，欧盟一体化，全球价值链体系深入发展，“地球村”第一次真正意义上成为现实。时至今日，这一驱动力并未发生扭转，谁也承受不了倒退回去的代价。

（一）市场因素：各国经济发展的客观要求成为经济全球化的根本推动力

从经济学理论上来讲，市场扩大→分工深化→规模经济→效率提升→经济增长是客观规律。本质上，各国都程度不同地存在自然资源、资本、劳动力、技术、市场等不足的矛盾，解决这些矛盾问题，必须充分利用国际市场和资源，最大限度地参与国际分工。2008年国际金融危机、2020年以来的新冠肺炎疫情都对国际生产模式产生一定冲击，但现代工业生产方式决定了全球布局是更合理、更高效的选择，只要这种生产方式和统一的世界大市场没有根本性变化，推动经济全球化向纵深发展的动力就一直存在。事实上，2008年国际金融危机后，国际生产经过短暂下降后迅速恢复，虽然增长速度不如危机前快，但稳步扩张。人类经历过前所未有的融合，享受过经济全球化带来的利益后，再退回到之前的“孤岛”状态，是开历史“倒车”，不符合人类根本利益。

（二）技术因素：科技进步为经济全球化提供了深厚的物质基础

科技革命是经济全球化的主要推动力，一般来说，科技革命大发展、市场分工大拓展，推动生产力快速发展，全球化加速向前。经济学家理查德·鲍德温认为，经济全球化是基于三项“运输”成本先后减少而引致的经济现象，首先是货物运输的成本下降，导致生产集中，形成若干区域制造板块；其次是信息传播的成本减少，跨国通信成本大减，令生产模式再出现变革，形成全球供应链；最后就是人员流动的成本下降，未来将导致世界进一步扁平化。新能源、新医药、人工智能、物联网、虚拟现实、3D打印、区块链等一批前沿科技成果走出实验室、相继产业化，将带动大量新的市场需求。在全球5G网络支撑下，一些小型公司、初创企业乃至个人，融入经济全球化的门槛大大降低。数以亿计的人口参与跨境电商，越来越多的人口跨境交流，世界互联互通以及商品、要素自由流动的条件会进一步改善，全球经济一体化的程度将进一步加深。

专栏4-5 科技发展促进经济全球化

美国积极推动科技发展以及关键产业的研发与保护，力图在人工智能、量子计算和信息系统、半导体、生物技术、航天等领域保持竞争优势。欧盟加大绿色经济上的投资力度，以保持在绿色技术领域的世界领先地位。日本重点开发能源和环境技术，把信息技术、环保、电力汽车、医疗、太阳能等作为新兴产业发展的重点领域。俄罗斯提出开发纳米和核能技术。为应对气候变化，各国都积极发展新能源产业，加快推进以绿色和低碳技术为标志的能源革命。新能源汽车已成为全球汽车工业发展方向。信息网络产业是世界经济复苏的重要驱动力。全球互联网正在向下一代升级，传感网和物联网方兴未艾。在这些领域中，突破关键技术并使之产业化，将会促进产业振兴，导致新一轮的产业转移、国际分工、全球市场扩张，使一国经济与世界经济难以分离，经济全球化不可逆转。

（三）制度因素：全球市场体系及国际规则为经济全球化提供了制度基础

冷战结束后各国相继走上了市场化改革的道路，有力地推动了经济全球化的进程。当前，虽然多边贸易体制举步维艰，但随着全球经济大变革、大调整、大重构，国际规则加速演变，各国市场化改革深入推进，经济全球化的制度基础还在深化。2021年7月，G20同意推进全球税制改革，以便为跨国企业设定全球最低税率，有利于全球配置资源。同时，区域一体化蓬勃兴起，越来越多的经济体通过签订自贸协定促进区域内开放与合作，这是多边体制的重要补充，是一种迂回的多边治理进程。区域经济一体化通过加强内部成员联合，既享受区域内市场开放的好处，又可以以此为依托，制定更高水平开放标准，在规则施行成熟之后上升到全球层面，成为世界通用规则，为更深入的经济全球化发展提供制度基础。

（四）安全因素：开放安全为经济全球化提供了新的内在需求

耗散结构理论表明，开放系统可以不断与外部交换物质和能量，走向有序；封闭系统则熵值不断增加，走向无序和衰亡。经济系统亦是如此。经济全球化将世界各国紧紧绑在一起，大家利益交织、风险与共，爆发大规模热战的可能性降低。全球化的今天，一国的金融经济政策绝不可能局限在一国的边界内，美国货币政策的变化影响全球的金融市场，中国经济政策的调整产生显著的溢出效应，“你中有我，我中有你”，经济安全也成为全球性问题，任何国家都不能独善其身，需要全球加强合作与共同应对。同时，气候问题、疫情流行、粮食安全等全球性挑战日益增多，全球问题需要全球合作、需要全球治理。加强国际合作，在开放中谋求自身安全，扩大共同安全，成为各国的现实选择。东亚经验表明，在有效防范风险的同时，越开放越能扩大发展空间，“在大海中学会游泳”，以对外开放的主动赢得国际竞争的主动。

四　新冠肺炎疫情下的最新动向

全球化时代，“环球同此凉热”，新冠肺炎疫情更容易扩散。但疫情并不会是世界互联的终结，与其说它改变了全球化基本方向，不如说加速了全球化调整，而调整是为了走得更远。

（一）疫情引发了对经济全球化的反思

疫情的巨大冲击，使世界经济陷入严重收缩，其程度在过去100多年里仅次于两次世界大战和1929年大萧条。据统计，2020年世界经济萎缩4.3%，超过85%的经济体的GDP都在下降。**疫情改变人们对全球化的看法，促使人们反思全球化风险，重新审视产业安全**。一些国家以保障“供应链安全”为名，打造“自给自足”或多元化的产业链、供应链。2020年，日本政府实施“促进国内供应链投资”和“支持海外供应链多元化”项目，支持医疗、汽车、机电等企业新增本土投资或向东南亚分散。2021年，美国政府启动对半导体芯片、电动汽车电池、稀土矿物和药品四种关键产品供应链的审查，推动关键产品在国内的生产，并与亚太国家合作，促进关键产品供应链多样化。跨国资本也重新权衡安全与效率，宁愿牺牲部分利润也要缩短供应链环节，规避风险。世界贸易组织前总干事**拉米**表示，“防备主义”在疫情后将有所抬头，生产更加地方化，全球价值链将会变得更短；“去全球化”可能言过其实，更可能是出现局部脱钩，尤其是医疗行业。

（二）疫情凸显完善全球经济治理的紧迫性

疫情是真正意义上的全球危机，给整个世界带来了巨大恐慌，甚至在很多地区造成了灾难性后果。**疫情凸显国际治理缺陷，可能成为现代史上的一个转折点，给世界秩序带来新的挑战**。国际合作合力减弱、保护主义和单边主义抬头，这些特征在疫情前就已存在，疫情后更加凸显。国际社会应对疫情合作不足，全球公共卫生治理体系存在短板。疫情引发的次生灾害，如经济衰退、社会停摆、权力扩张甚至国际摩擦，进一步暴露出全球治理的功能性失调。**基辛格**认为，人类站在一个划时代的历史节点，疫情将永久改变世界秩序，要为秩序过渡做好准备，开启未来世界秩序。事实上，疫情后国际治理走向良性还是恶性，取决于国际社会的共同选择，特别是中美等大国的选择，要防止“脱钩论”“新冷战论”“修昔底德陷阱”等预言自我实现。

疫情后数字经济发展为全球经济治理提供了契机。疫情限制了人与人的直接交往，改变了贸易活动、生产生活方式，凸显了“数字经济”的重要性。疫情期间，跨境电商、数字贸易、无线支付等新业态迅猛发展。2020年，全球排名前70的互联网上市公司总市值增长58.9%，增速超过前几年。随着数字经济加快发展，数据跨境流动和数字贸易成为全球化的新载体，数字技术、数字基础设施、数据治理体系成为全球化转型的新机遇，数字税也成为全球经济治理的新焦点。经合组织（OECD）积极推动建立数字税多边框架，法国、意大利、印度、墨西哥等国通过立法开征数字服务税，部分国家不赞成单边开征新税。数字税是针对数字时代的税制改革和税权的重新划分，事关全球经济治理规则的改革和重塑。世界贸易组织总干事伊维拉认为，数字化经济需要增强全球的贸易关系，加强规则标准化，以进一步推动经济增长。

（三）疫情难以阻挡经济全球化曲折向前的大势

从历史长周期看，“逆全球化是必要插曲，全球化是世界大势”，全球化代表人类进步的历史洪流，即使短期内有曲折、有倒退，但向前发展的大方向不会根本改变，全球化经过一轮治理调整、规则修正，可能会带来新一轮的经济增长。美国兰德公司专家科恩认为，全球化历经两次世界大战、冷战、反恐战争，以及多次病毒大流行、多次逆全球化浪潮的考验，已颇具韧性和抗压能力，当前疫情绝不会是“压垮全球化的最后一根稻草”，不会宣告全球化终结。辩证地看，疫情短期内会阻碍全球化，长期看会反过来推动各国政策调整，促进全球化向更深层次发展。

历史雄辩地证明，全球化发展不是一蹴而就的，瘟疫、战争、危机、国际格局变化都会阻挠甚至打断其发展，经济全球化在一定时期内可能经历低谷，会“短路”、会曲折，但最终还是向前，如同江河弯曲奔向大海。

全球化与世界开放是一体两面，推动全球化持续向前、推动世界扩大开放是破解当今世界发展难题的不二法门。在历史和现实交会的同一个时空里，各国都应在历史前进的逻辑中前进、在时代发展的潮流中发展，顺应经济全球化大势。一切犹豫者、观望者只会丧失机遇、失去自己；一切奋进者必将发展自己、造福世界。

第五章

世界贸易组织与全球经济治理

全球化的时代需要全球化的治理。经济全球化让各国联系更加密切，也带来摩擦、矛盾增多，规则不一致凸显等问题，全球经济治理应运而生，逐步发展演进。**多边和区域是经济全球化发展和经济治理的两个轮子。**“多边”主要是以世界贸易组织（以下简称“世贸组织”）为代表的多边贸易体制，二十国集团、亚太经合组织及金砖国家等也是多边治理重要平台。“区域”主要是以自由贸易区为代表的区域经贸安排。完善全球经济治理，**需要两个轮子一起转**，发挥有关治理平台在国际经济政策协调方面的作用，推动经济全球化朝着更加开放、包容、普惠、平衡、共赢的方向发展。

一　世界贸易组织是全球经济治理重要支柱

世贸组织成立于1995年，是**当今世界上唯一处理国际贸易关系的国际组织**，共有164个成员，涵盖全球贸易量的98%。长期以来，世贸组织与国际货币基金组织、世界银行并称全球经济治理的“三大支柱”，在营造自由、透明、非歧视的国际贸易环境，建立以规则为基础的多边贸易体制等方面，发挥了重要作用。

（一）世贸组织职能与规则体现了自由贸易宗旨

第二次世界大战的惨痛教训，让各国更愿意推动建立稳定的全球经济治理体系，促进贸易发展。多边贸易体制建立以来，经过多年发展，全球形成了以自由贸易为目标，以公平竞争为基础，以规范政府行为为核心，建立在市场经济上的一整套制度安排。

世贸组织核心职能包括开展贸易谈判、解决贸易争端、审议贸易政策等。其中，贸易谈判是主要职能，议题从早期主要涉及货物的关税削减，逐步扩大到服务、知识产权等领域。1947年以来，关贸总协定完成了八轮多边贸易谈判。世贸组织成立后，2001年新一轮多哈回合谈判开始，至今尚未结束。贸易争端解决主要通过专家组和上诉机构实现。世贸组织成立以来已受理600件争端，350余件已作出裁决，有效减少了争端政治化，维护了世界贸易秩序。贸易政策审议的目的是督促成员履行承诺、遵守规则，内容涵盖贸易及财税、货币、汇率、产业、投资等政策和措施，超出了狭义贸易政策范畴。

主要规则涵盖货物贸易、服务贸易、知识产权和其他方面。货物贸易主要体现在与货物贸易相关的协定中，包括市场准入和纪律规范等，涉及关税减让、检验检疫、原产地规则、补贴纪律、贸易便利化等。服务贸易主要体现在《服务贸易总协定》中，包括市场准入等总体规则、特定行业的专门纪律等。知识产权主要体现在《与贸易有关的知识产权协定》中，就版权、商标、专利、地理标识等作出了规定。其他方面包括《与贸易有关的投资措施协定》等。此外，《政府采购协定》、《民用航空器协定》等诸边协定确定了仅在相关方之间适用的规则。

在当前多边谈判进展缓慢的情况下，部分成员通过联合声明倡议的方式，就电子商务、投资便利化、服务贸易的国内规制等议题开展谈判，就中小微企业、贸易与环境、妇女经济赋权等议题开启讨论工作。成员在这些领域先行先试制定的规则，将成为制定多边新规则的突破口。

基本原则包括非歧视、透明度、开放市场、特殊与差别待遇等方面。其中，非歧视原则要求成员间相互给予最惠国待遇和国民待遇，保证国际贸易中的“机会均等”。透明度原则要求成员各项贸易政策措施、法律法规等保持透明，增强稳定性和可预见性。开放市场原则要求成员削减货物贸易关税和非关税壁垒，并扩大开放服务业，以推动贸易自由化。特殊与差别待遇原则允许发展中成员在遵守规则和履行义务方面拥有灵活性，以帮助其更好地从国际贸易中受益。

（二）世贸组织有力推动了经济全球化发展

世贸组织构建了约束性的贸易规则体系和可预测的国际贸易环境，推动了开放型世界经济发展，**成为经济增长的发动机、经济全球化的动力源、改善世界福祉的推进器。**

推动了贸易自由化便利化。经过多轮谈判，几乎全球范围内的关税和非关税壁垒都得到大幅度削减。按照乌拉圭回合谈判结果，目前发达成员的平均约束关税降至3.8%，受关税约束的商品占贸易额的99%。发展中成员的平均约束关税降至14.4%，受关税约束的商品占贸易额的90%左右。自世贸组织成立以来，贸易自由化、便利化程度显著提高，世界贸易额扩大近4倍，远超同期经济增速。

推动了国际投资环境改善。世贸组织规则开创了国际经贸领域协商管理、规范发展的先河，有利于营造稳定、开放、可预期的国际投资环境。国际贸易快速发展，促进了国际资本加快流动。世贸组织成立以来，国际直接投资增长约320%，跨境资本流动提升至数万亿美元，跨国公司数量超过8万家。

加深了全球经济融合。世贸组织规则推动了商品、服务、技术、资本等生产要素在全球范围内自由流动。各国通过更广阔的市场、更频繁的技术交流、更合理的资源配置，实现优势互补，推动自身经济快速发展，加快全球产业链的形成和发展，促进了经济全球化和世界经济增长。

（三）世贸组织面临改革需要

当前，世界经济格局深刻调整，单边主义、保护主义抬头，经济全球化遭遇波折，世贸组织遭遇生存危机，多边贸易体制权威性和有效性面临前所未有的挑战。

从世贸组织运行及规则遭遇的挑战看，一方面，阻挠上诉机构成员遴选启动的做法导致上诉机构停摆，严重影响争端解决机制的运行。另一方面，滥用国家安全例外的措施、不符合世贸组织规则的单边措施以及对贸易救济措施的误用和滥用，破坏了以规则为基础，自由、开放的国际贸易秩序，影响了世贸组织成员特别是发展中成员的利益。同时，围绕发展中成员地位和待遇、产业补贴、国有企业等问题，有关成员之间争议较大，达成共识面临困难。

从世贸组织自身适应时代发展的要求看，世贸组织并不完美，尚未完全实现《马拉喀什建立世贸组织协定》确定的目标：谈判功能方面，多哈回合谈判久拖不决，启动已逾19年，在农业、发展和规则等议题上进展缓慢，反映21世纪国际经济贸易现状的电子商务、投资便利化等新议题没有得到及时处理；与此相对的是，全球双边和区域贸易协定在推进贸易自由化、便利化上进展和成果显著。审议和监督功能方面，贸易政策透明度有待加强。164个成员要达成协商一致困难很大，世贸组织机构运行效率亟待提高。

表5.1　九轮多边贸易谈判情况

谈判回合	时间	参加方	涉及议题	关税减让幅度（%）	影响贸易额（亿美元）
日内瓦回合	1947年	23	关税	20	100
安纳西回合	1949年	13	关税	2	—
托奎回合	1950—1951年	38	关税	3	—
日内瓦回合	1956年	26	关税	2.5	25
狄龙回合	1960—1961年	26	关税	4	49
肯尼迪回合	1964—1967年	62	关税 反倾销	35	400
东京回合	1973—1979年	102	关税、非关税措施	33	3000
乌拉圭回合	1986—1994年	123	关税、非关税措施、规则、争端解决、知识产权、纺织品、农业	38	37000
多哈回合	2001年	164	农业、非农、服务、规则、贸易与发展、知识产权、贸易便利化、贸易与环境	—	—

资料来源：根据世贸组织有关谈判内容整理。

世贸组织改革成为各方日益关注的议题，也是全球经济治理难以回避的议题。二十国集团2018年布宜诺斯艾利斯峰会、2019年大阪峰会和2020年利雅得峰会支持对世贸组织进行必要改革，帮助其更好发挥作用。2018年、2019年和2020年金砖国家领导人会晤宣言提到，支持对世贸组织进行必要改革，以确保世贸组织的有效性和相关性，更好地处理当前和未来挑战，服务所有成员的利益。

专栏5-1　世贸组织有关名词

约束关税：指关税税目的税率上限。世贸组织成员有权调整自己的实施税率，但不能超过所承诺的约束关税水平。约束关税是世贸组织关税谈判的基本原则，防止成员随意提高实施税率，保证透明度和稳定性。

上诉机构：上诉机构是世贸组织争端解决机制的重要组成部分。该机构由7名成员组成，均为公认的权威人士，不隶属于任何政府。在专家组报告发布后，争端当事方若有异议可提出上诉，由上诉机构审理。通常每起上诉案件由其中3名成员审理，通过审查书面陈述、听证会等程序作出裁决，可维持、修改或撤销专家组结论，并经争端解决机构通过后生效。这一机制目前停摆。

补贴：指出口国（地区）政府或公共机构提供的，为接受者带来利益的财政资助、收入或价格支持等。补贴分为禁止性补贴、可诉性补贴。禁止性补贴分为出口补贴和进口替代补贴。可诉性补贴指除禁止性补贴之外的其他补贴，如果一成员补贴对其他成员造成不利影响，其他成员可采取反制措施或诉诸争端解决机制。

贸易政策审议：指世贸组织成员定期接受其他成员审议的机制。2018年以前，贸易额排名全球前4位的成员每2年审议一次，其他成员每4—6年或更长时间审议一次。从2018年开始，审议周期有所延长，排名前4位的成员每3年审议一次，其他成员每5—7年或更长时间审议一次。通过书面答复问题清单和在审议会议上现场交流的方式进行，最后由审议会议主席作书面总结。

二　自贸区等区域经贸安排方兴未艾

长期以来，**多边和区域两个轮子相伴相生，多边轮子转得快的时候，区域轮子就慢一些；多边轮子转得慢的时候，区域轮子快一些。总体上，成员间开展区域合作，开放水平会明显高于多边，区域规则往往演变为未来的多边规则，“以区域促多边”成为推动全球化的重要力量。**近年来，保护主义抬头，多边贸易体制陷入僵局，全球自贸区谈判与发展进程明显加快。自贸协定作为世贸组织最惠国待遇的例外，成为各国推动贸易投资自由化、参与国际经贸规则制定的重要途径。

（一）协定数量快速增加

自由贸易协定是在2000年之后大量涌现的。2000年之前，向WTO通报并仍生效的自贸协定仅有29个。2008年国际金融危机爆发后，自贸协定数量大幅上扬。到2020年年底，向WTO通报的已签订和在谈的区域贸易协定数量达到501个。目前生效实施的350个区域贸易协定中，超过85%是以自贸协定形式签订的。

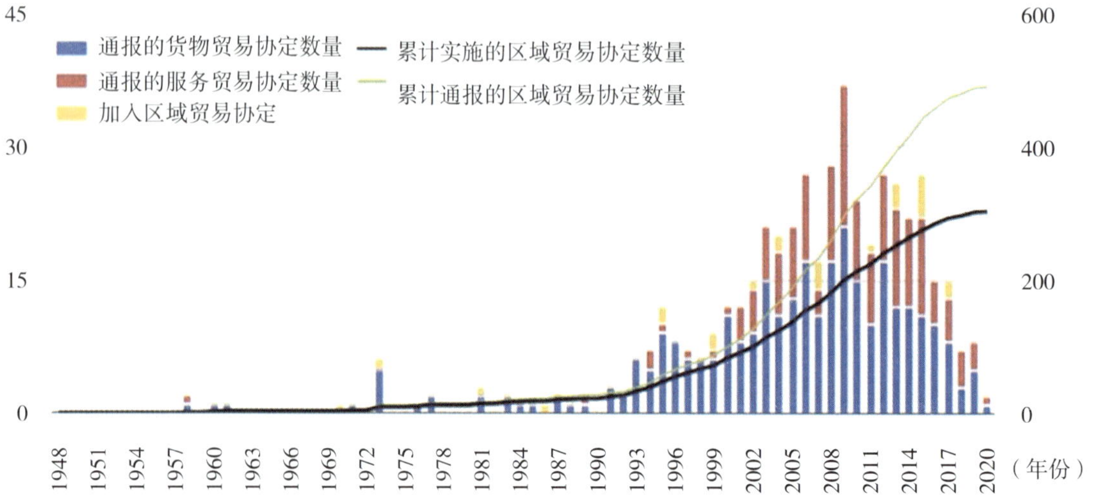

图5-1　向WTO通报和生效的区域贸易协定数量

资料来源：WTO网站。

（二）规模和体量明显扩大

主要经济体普遍加快了自贸区建设步伐，带动以《区域全面经济伙伴关系协定》（RCEP）为代表的超大型自贸区不断涌现。《全面与进步跨太平洋伙伴关系协定》（CPTPP）生效后影响力逐渐增大，《欧日经济伙伴关系协定》生效，美日签署货物贸易协议和高标准数字贸易协议，北美自贸协定修订重签。发展中国家的自贸区建设进程也迎头赶上。越南通过加入CPTPP实现向高标准开放的跨越；墨西哥通过CPTPP、《美墨加协定》进入高标准协定的“朋友圈”；拉美地区的关税同盟组织南方共同市场与欧盟达成自贸协定；非洲大陆自贸协定也已经正式生效。

专栏5-2 全面与进步跨太平洋伙伴关系协定（CPTPP）

2015年10月，美国等12个国家达成跨太平洋伙伴关系协定（TPP）。2017年1月，美国宣布退出。之后，剩余11国声明宣布，将签订新的自由贸易协定（CPTPP）。CPTPP于2018年1月完成谈判、3月8日签署，当年12月30日正式生效。CPTPP涵盖人口超5亿，国内生产总值之和占全球经济总量的13%。

CPTPP内容广泛，签署国将撤销或削减工业品和农产品关税，在贸易和投资领域提供便利措施，约束水平高于WTO等现有贸易规则。此外，该协定之所以被冠以“全面、进步”，是因为除了致力于降低贸易成本外，还对环境标准、知识产权、国有企业等方面提出了更高的要求。

专栏5-3 RCEP是世界上最大的自由贸易区

RCEP是目前全球体量最大的自贸区。2019年，RCEP 15个成员国总人口22.7亿，GDP总值26.2万亿美元，总出口额5.2万亿美元，均占全球总量约30%。RCEP自贸区的建成意味着全球约1/3的经济体量将形成一体化大市场。RCEP囊括了东亚地区主要国家，将为区域和全球经济增长注入强劲动力。

（三）开放水平不断提高

自贸协定伙伴方经济合作领域不断拓展广度和深度，呈现出开放水平越来越高的趋势。**从货物贸易看，**国际上高标准自贸协定通常取消绝大部分产品的关税，接近完全自由化。例如美国、欧盟、澳大利亚等签署的绝大多数自贸协定，最终零关税产品税目数和进口额占比达到99%以上，且大部分产品在协定生效时立即取消关税。**从服务贸易和投资看，**发达国家通常在自贸协定中以负面清单形式做出服务和投资市场开放承诺，即仅列明有限的限制措施，对其他承诺开放的部门在市场准入、国民待遇方面不设限制。同时，近年来，有关**零关税、零壁垒、零补贴的“三零”**概念也受到关注。

（四）谈判议题向深层次拓展

随着全球经贸形势变化，自贸协定涵盖的议题更加广泛，纳入了更多“21世纪议题”，规则约束力加强，执行要求也越来越严。**从议题范围看，**发达国家签署的自贸协定大多包含高标准的“边境后”议题，例如知识产权保护及环境、劳工、国有企业、电子商务、竞争政策等。“边境后”措施形式多样、隐蔽性强、难以预判，虽与贸易有关，但传统上是属于一国经济主权范畴内的事务。**从规则要求看，**通过建立争端解决机制，将这些规则的执行情况与关税减让挂钩，使其成为“有牙齿”的规则。

（五）规则引领作用更加突出

自贸区具有开放水平更高、灵活性更强、进程更快的特点，开放层次往往比多边“高出一头”，已成为全球范围内以制度性框架推动区域经济合作的重要载体，目前全球一半以上的贸易是在自贸区内实现的。作为国际经贸新议题、新规则的“试验田”，自贸区顺应经济全球化发展新趋势，规则引领和推动作用日益突出。

专栏5-4 关于区域贸易安排与多边贸易体制

尽管目前多边贸易谈判进展放缓，但“以世贸组织为代表的多边贸易体制是全球贸易规则的主渠道，区域贸易自由化是其有益补充”这一判断仍然没有改变。多边贸易体制与区域贸易安排始终是推动贸易自由化的两种路径，两个轮子。多边贸易体制为区域贸易安排提供纪律约束和规则基础，防止区域碎片化和“意大利面条碗”效应。区域安排比多边更灵活，更易于达成且易于执行，丰富了经济合作内容，也是推动多边贸易体制发展重要途径之一。

三 全球经济治理变革出现新的趋势

在多边贸易体制、区域经贸安排等发展变化的同时，全球经济治理架构和规则体系也在逐步演变。随着国际力量对比变化、经济全球化曲折发展，特别是2008年国际金融危机爆发以来国际贸易投资格局调整，全球经济治理体系加速变革，当前的疫情加剧了这一进程。

（一）治理平台更加多元

传统全球经济治理机制以世贸组织等为三大支柱，金融危机后，三大支柱作用有所下降。与此同时，不同层次治理机制逐步发挥重要作用。二十国集团地位明显提升，逐渐成为全球经济治理的主要平台之一；亚太经合组织、金砖国家、上海合作组织等合作机制重要性不断上升；世界经济论坛、博鳌亚洲论坛、虹桥国际经济论坛等论坛机制积极贡献力量。2008年迄今，**二十国集团**共举行15次领导人峰会及1次特别峰会，合作议题由最初的财政、金融，向贸易、发展、公共卫生等领域扩展，经济治理和政策协调作用日益增强。**金砖国家**经过多年发展，影响力逐步扩大，成为推动全球治理改革、促进成员国务实合作的重要平台。**亚太经合组织**已经举行了27次领导人非正式会议，2021年还增开了一次领导人非正式会议，围绕亚太地区贸易投资自由化与便利化、区域经济一体化等主题议题，在推动全球和地区经济增长方面发挥了积极作用。同时，也要看到，不同机制和平台相对独立，国际协调合作也面临成本上升等问题。

（二）治理格局发生变化

随着发展中国家整体实力增强、对世界经济增长贡献加大，参与全球经济治理的意愿和能力提升，客观上要求对全球经济治理体系进行变革，提高代表性和话语权，**全球经济治理格局由发达国家主导逐步转向南北博弈**。发展中国家和新兴经济体合作机制不断强化，在国际经济事务中发挥了更重要作用。与此同时，有关国家拖延和阻碍国际货币基金组织、世界银行等国际机构改革，把重心从多边转向双边和区域，构建排他性贸易和投资安排，争夺新一代国际经贸规则的制定权。总体来看，发展中国家在议程设置能力、规则引领能力等方面还有待提高，全球经济治理的力量博弈和格局演变仍存在复杂变数。

（三）治理改革仍显滞后

全球经济治理体系总体上仍然未能反映当前国际发展的新格局，代表性和包容性不够。全球产业布局不断调整，新的产业链、供应链、价值链日益形成，而贸易和投资规则未能跟上新形势，机制封闭化、规则碎片化突出。全球金融市场需要增强抗风险能力，而全球金融治理机制未能适应新需求，难以有效化解国际金融市场频繁动荡、资产泡沫集聚等问题。特别是**新冠肺炎疫情暴发和蔓延，暴露了国际治理体系的不足**，有关多边机构发挥作用受到掣肘，难以有效协调国际抗疫合作。

（四）治理议题逐步泛化

有关发达国家为维护在数字经济和新兴产业中的竞争优势，在金融、经贸、网络等领域设置新规则、新门槛，其主导的经贸谈判议题日益泛化，包括国有企业、数据自由流动、投资争端解决机制、竞争中立、劳工标准、环境保护等“边境后”议题，有些议题还涉及政治、文化、意识形态等方面。这反映了**国际**

经贸规则制定权博弈更加激烈，也让完善全球经济治理体系面临更大挑战。

（五）治理理念不断演进

随着全球治理赤字、信任赤字、和平赤字、发展赤字带来的挑战日益严峻，**国际社会普遍意识到全球治理必须反映大多数国家意愿和利益**，实现平等参与、共同发展。中国强调人类优先，提出构建人类命运共同体理念，推动各国在国际经济合作中权利平等、机会平等、规则平等，推进全球治理规则民主化、法治化，促进国际经济秩序朝着平等公正、合作共赢方向发展，在国际社会赢得广泛认同，丰富和完善了全球治理理念。广大发展中国家希望加强合作，融入全球产业链，促进经济增长。国际社会普遍认同反恐、贫困、气候、难民、公共卫生等问题具有全球性，需要各国合作应对。

面对全球经济治理改革的形势变化，各国应**坚持与时俱进**，打造公正合理的全球经济治理模式，更好适应国际经济格局新要求。**坚持共商、共建、共享**，完善开放、包容的制度安排，以协调、联动式发展应对全球经济治理挑战。**坚持多边主义和开放的区域主义**，充分发挥全球和区域多边机制的建设性作用，共同维护以规则为基础的多边贸易体制，加强宏观经济政策协调。**坚持共同发展**，为发展中国家和中小企业融入全球价值链提供更多支持，提升发展的公平性、协同性、包容性，推动构建人类命运共同体。

第六章

全球贸易投资开放合作

贸易投资开放合作符合世界各国的共同利益。第二次世界大战以来，更多国家通过多边、双边和区域谈判途径，减少货物、资金、信息、人员等要素跨国流动壁垒，成为开放合作的参与者、受益者和推动者。全球范围内，国际贸易和跨国投资便利化、自由化不断提升，促进了世界经济增长与和平发展。

一　国际贸易领域的开放实践

纵观国际贸易史，自由贸易和贸易保护长期博弈。关税及贸易总协定生效以来，贸易自由化便利化走上机制化轨道，多边贸易体制及区域双边贸易协定共同推动降低关税、削减非关税壁垒，从“边境上开放”向“边境后开放”延伸，全球货物贸易和服务贸易市场开放取得长足进展。

（一）货物贸易领域

世界关税水平总体下降。各国进口关税水平降低，推动了国际贸易发展。1995—2017年，世界所有产品简单平均实施税率从12.2%降至5.2%[①]，所有产品

① 所有产品简单平均实施税率：指所有需要征收贸易货品关税的产品有效实施税率的非加权平均值。该数据采用调和关税制度，按照六位或八位码进行划分。税目数据采用与《国际贸易标准分类》第3修订版相一致的代码进行商品分组。六位及八位码产品的有效实施关税税率是指每个商品组内所有产品的平均税率。在无法采用有效实施税率的情况下，改为采用最惠国税率。从量关税税率已在尽可能的情况下被转换为相应的从价税等值税率，并据此计算简单平均关税税率。据世界银行说明，

最惠国简单平均税率从15.4%降至9.5%①。2018年以后，部分经济体的关税水平有小幅上涨情况。从区域看，《区域全面经济伙伴关系协定》（RCEP）生效后，区域内90%以上的货物贸易将最终实现零关税（见图6.1）。

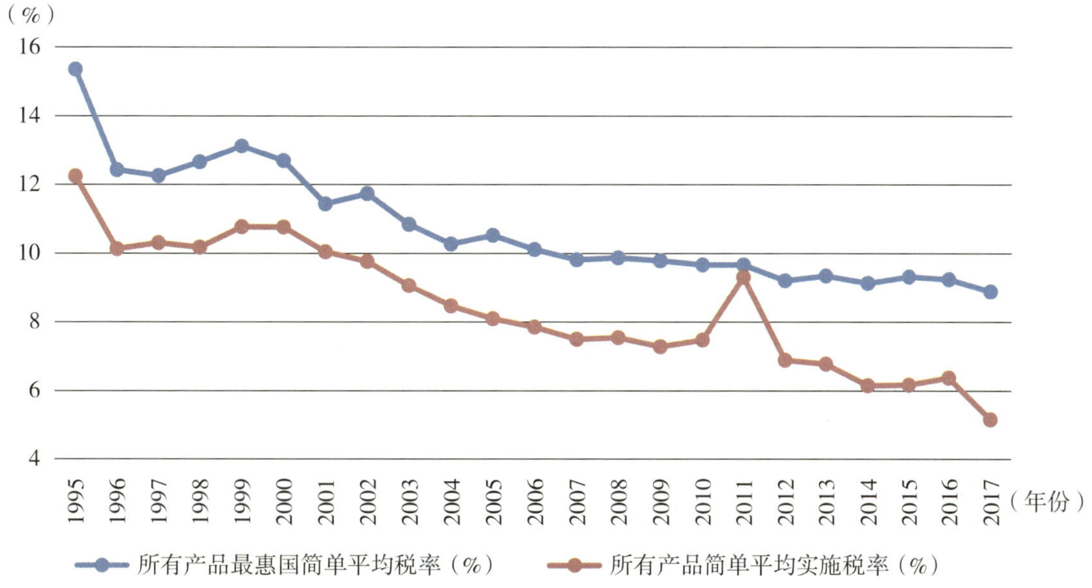

图6.1 世界关税税率（%）

资料来源：世界银行。

非关税壁垒有所弱化。1995—2008年，全球撤销的非关税措施（反倾销、反补贴和保障措施等）1728个②。国际金融危机后，贸易保护主义有所抬头，全球贸易环境趋紧，一些经济体通过区域或双边谈判，采用统一标准的方式削减

数据是该行工作人员基于联合国贸易和发展会议贸易分析和信息系统（TRAINS）数据库、世界贸易组织（WTO）综合数据库（IDB）和综合关税附表中数据（CTS）的数据库等，采用世界综合贸易解决方案系统估算而来。https://data.worldbank.org.cn/indicator/TM.TAX.MRCH.SM.AR.ZS。

① 所有产品最惠国简单平均税率：指所有需要征收贸易货品关税的产品最惠国税率的非加权平均水平。该数据采用调和关税制度，按照六位或八位码进行划分。税目数据采用与《国际贸易标准分类》第3修订版相一致的代码进行商品分组。据世界银行说明，数据是该行工作人员基于TRAINS、WTO综合数据库（IDB）和CTS的数据库等，采用世界综合贸易解决方案系统估算而来。https://data.worldbank.org.cn/indicator/TM.TAX.MRCH.SM.FN.ZS。

② 数据来源：世界贸易组织，http://i-tip.wto.org/goods/Forms/ProductViewNew.aspx? mode=modify&action=search。

非关税壁垒。比如，在《欧日经济伙伴关系协定》（EPA）在汽车领域共同采用统一的安全和环保标准，在医疗器械领域统一采用质量管理体系国际标准，在纺织领域统一采用国际纺织品标签制度。RCEP在WTO实施《卫生与植物卫生措施协议》基础上，进一步加强了在病虫害非疫区和低度流行区、风险分析、审核、认证、进口检查以及紧急措施等执行的条款。2020年新冠肺炎疫情全球蔓延，部分经济体对进口防疫物资给予了减免关税等便利措施。世界贸易组织2021年7月的报告显示，疫情暴发以来，各成员国在货物领域实施的贸易促进措施248个，大大高于贸易限制措施的数量。

贸易便利化水平显著提升。在WTO《贸易便利化协定》等多边规则推动下，很多国家主动改善营商环境，不断提高贸易便利化水平。欧亚经济联盟推动建立单一窗口制度改进通关效率：2016—2020年，俄罗斯出口文件合规时间从72小时降至66小时，进口文件合规时间从96小时降到72小时；哈萨克斯坦出口边境合规时间从133小时降到105小时。RCEP简化了海关通关手续，采取预裁定、抵达前处理、信息技术运用等促进海关程序高效管理手段，对于普通货物的通关时限为48小时，对于快运货物、易腐货物等争取实现货物抵达后6小时放行，超过了WTO《贸易便利化协定》水平。世界贸易组织前总干事阿泽维多曾指出，各国实施贸易便利化措施，每年可增加全球贸易额1万亿美元以上。

（二）服务贸易领域

市场准入门槛持续下降。在《服务贸易总协定》（GATS）中，各成员做出了服务部门开放承诺，发达经济体开放水平总体高于发展中经济体。21世纪以来，多哈回合谈判遭遇困难，但各国通过参与双边和区域贸易谈判，在服务领域做出更优的承诺，进一步降低准入门槛。比如，《韩美自由贸易协定》（KORUS FTA）中，韩国做出大幅度市场准入开放承诺。比如，《欧加全面经贸合作协定》（CETA）中加拿大向欧盟开放了新的海运市场和疏浚服务。比如，RCEP15个成员方均在服务部门作出了高于各自与东盟10+1自贸协定水平的开放承诺，除了老挝、柬埔寨和缅甸三个最不发达国家，其他各方承诺服务部门数量均增加到100个以上（按WTO划分的160个服务部门）。

服务自由化水平不断提高。从趋势看，2013年开始的《国际服务贸易协定》（TiSA）谈判覆盖服务业所有领域，囊括了电子商务和信息服务等新兴服务业，虽然谈判搁置，但代表了服务贸易自由化进一步扩大的方向。从实践看，部分国家逐步放松曾经严格限制的领域。在自然人移动上，德国2012年简化国外职业证书评估认证程序，降低高素质人才入德门槛。2020年3月1日，德国《专业人才移民法》生效，取消德国求职者优先审核制度，扩大了专业人才引进范畴，吸引欧盟内外专业人员流动。

负面清单模式渐成主流。GATS框架下，各国采取正面清单方式，对四种服务提供方式在市场准入和国民待遇上做出承诺。TiSA采取混合清单模式，即市场准入采用正面清单，国民待遇采用负面清单模式，改进了GATS的承诺灵活性。近几年，发达国家主导的FTA，如《全面与进步跨太平洋伙伴关系协定》（CPTPP）、《欧日经济伙伴关系协定》（EPA）、《美墨加协定》（USMCA）等，都采取负面清单模式，除列入负面清单的部门外，不得对服务提供者实施限制。同时，部分协定还加入了“棘轮条款”，锁定缔约方做出的服务贸易自由化承诺不得后退，推动服务领域开放程度不断提升。RCEP中8个以正面清单作出承诺的成员也纳入了“棘轮+最惠国待遇”或透明度清单等负面清单要素，协定生效后六年内实现以负面清单模式作出承诺的较高水平的服务贸易自由化。

二　国际投资领域的开放实践

冷战结束后，和平与发展成为时代主题，越来越多跨国公司走出国界，发展中国家扩大引进外资，国际投资进入快速发展期。各国不断放宽对外资的准入限制，在区域双边协定中纳入更多的投资自由化、便利化条款，并不断探索多边投资规则，推动国际投资领域开放取得实质性进展。

（一）外资准入限制大幅放宽

发展中国家改革力度较大。总体来看，发达国家投资自由化的基础较好，发展中国家的“进步”则更大。据经合组织2020年发布的FDI限制指数，1997—2019年，推进投资自由化改革力度最大的经济体前五名分别是：越南、韩国、中国、印度、马来西亚，FDI限制指数分别下降0.54、0.4、0.38、0.27、0.27；其余力度较大的国家还有土耳其、印度尼西亚、菲律宾、芬兰和匈牙利等，以发展中国家为主（见图6.2）。

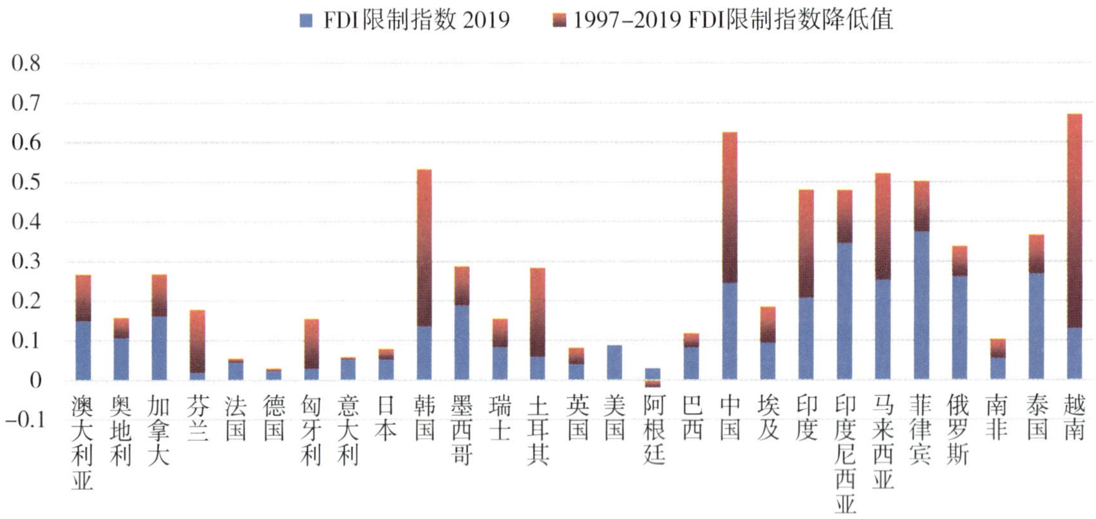

图6.2　投资自由化改革力度最大的经济体

资料来源：经合组织。

部分重点行业实现开放突破。经过艰难谈判，一些国家长期以来保护的敏感行业，如金融、医疗、电信、传媒等，也逐渐对外资扩大开放。例如，巴西2015年全面开放医疗健康行业，允许外资持股100%；埃塞俄比亚2021年允许外资进入某些运输服务业。即使在开放难度最大的金融领域，一些主要经济体也取消了对外资持股比例的限制，实现了内外资一致。

表6.1　　部分主要经济体对外资金融业持股比例的规定

国别	银行业					保险业					证券业	
	对内外资持股比例均无限制	对持股比例有限制，但内外资同等适用	内外资持股超过一定比例，需通过特定监管程序	仅对外资有持股比例限制	限制银行体系外资占比	对内外资持股比例均无限制	对持股比例有限制，但内外资同等适用	外资持股超过一定比例，需通过特定监管程序	仅对外资持股比例限制	限制保险体系外资占比	对内外资持股比例均无限制	对持股比例有限制，但对内外资同等适用
中国	•					•					•	
美国			•			•					•	
英国	•					•					•	
法国	•					•					•	
德国	•					•					•	
瑞士	•					•					•	
比利时	•					•					•	
日本	•					•					•	
巴西	•					•					•	
阿根廷	•					•					•	
南非	•					•					•	
智利	•					•					•	
沙特阿拉伯	•					•					•	
加拿大		•					•				•	
意大利		•				•					•	
澳大利亚			•			•					•	
韩国			•			•					•	
新加坡			•				•				•	
俄罗斯					•					•		•
印度				•					•			•

资料来源：根据各国中央银行公开资料整理。

（二）投资促进和便利化力度明显增强

实施税收优惠激励。为充分发挥投资对经济增长的拉动作用，各国通过税收优惠政策招商引资，包括税收减免、优惠税率、加速折旧、税收抵免等。2017年，美国实施30年来最大规模的减税法案，联邦企业所得税税率从35%降至21%；印度在全国范围内启动货物和服务税制度改革，消除地区间的税率差异，实现货物和服务自由流通。

竞相设立特别经济区。不论是发展中国家还是发达国家，都将特别经济区（SEZs）作为提高引资竞争力的重要平台，在区域内实施财政和监管激励措施，提供基础设施支持，促进行业投资。特别经济区如雨后春笋般涌现，截至2018年年底，已有147个经济体设立了5400个特别经济区，比2008年增长54%（见图6.3）。

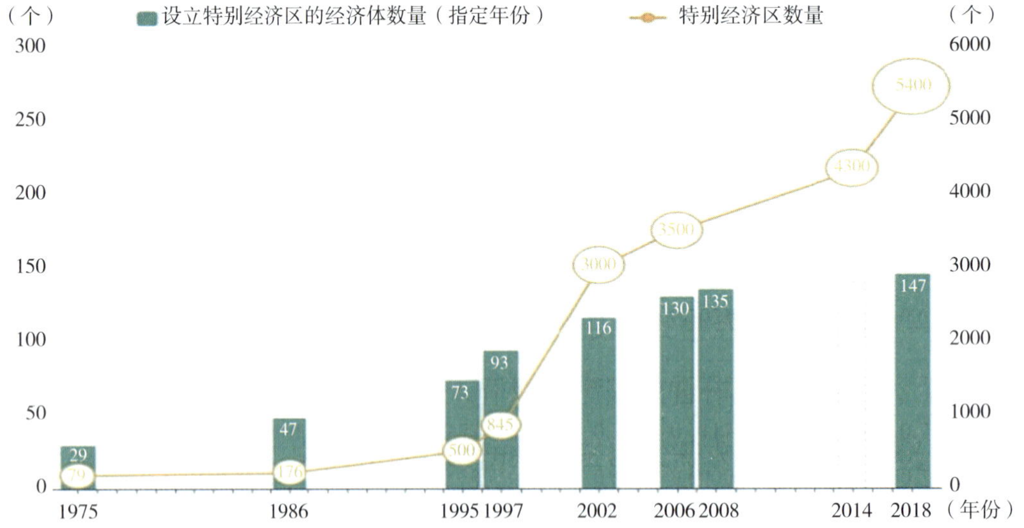

图6.3　特别经济区发展历程

资料来源：联合国贸易和发展会议。

（三）“准入前国民待遇加负面清单”被广泛接受

长期以来，出于安全和监管考虑，各国大多采用正面清单模式管理外资准入，外资只能进入清单范围内的领域。在发达国家的推动下，更具开放性的“准入前国民待遇加负面清单”模式成为新一代国际投资规则的核心。美国已经与40多个国家和地区签订了以“准入前国民待遇加负面清单”为基础的双边投资协定，与其他国家和地区签订的自贸协定也往往包含负面清单内容。中欧投资协定以负面清单为基础。越来越多的发展中国家也采纳这一模式，目前至少有70多个国家、包括60多个发展中国家，在缔约实践中采用了“准入前国民待遇加负面清单”模式。2020年，东盟十国与中、日、韩、澳、新达成的《区域全面经济伙伴关系协定》（RCEP）采用负面清单推进投资自由化，显著提升了投资政策透明度。

三 贸易投资开放合作的成效

几十年来，各国积极参与并推动贸易投资开放合作，国际贸易和国际投资快速发展，带动世界经济稳定增长，也为世界和平作出贡献。

（一）国际贸易跨越式发展

货物贸易规模扩大。1990—2019年，国际货物贸易进出口总额从7.1万亿美元增至38.3万亿美元，扩大了4.4倍，年均增长6%，占全球GDP的比重从31.2%提高到44%（见图6.4）。2020年因新冠肺炎疫情影响，国际货物贸易进出口总

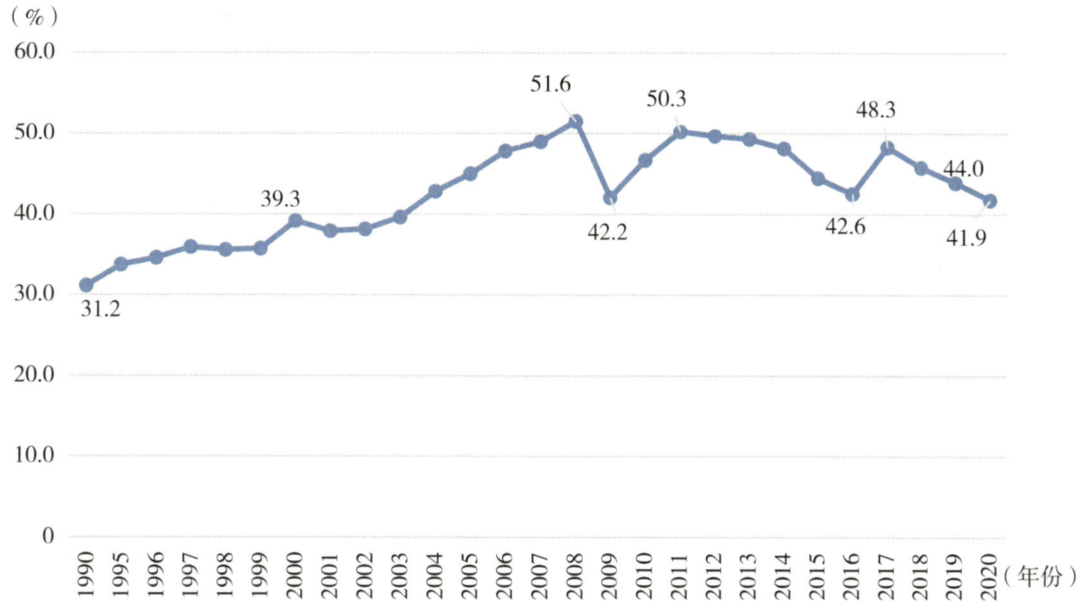

图6.4 全球货物贸易进出口总额占全球GDP的比重

资料来源：世界贸易组织。

额下降7.6%至35.4万亿美元。随着世界科技发展和工业化水平提高，工业制成品贸易份额上升，农产品和初级产品贸易份额下降。第二次世界大战发生以前，工业制成品贸易占国际货物贸易的份额只有40%左右，1953年超过了50%，1995年曾达到80%的高峰，目前保持在70%左右。

服务贸易增长迅速。1990—2019年，国际服务贸易进出口总额从1.6万亿美元增至12.1万亿美元，增长了6.6倍，年均增长7.2%，占国际贸易进出口总额的比重从18.5%上升到24%。2020年，受疫情冲击，国际服务贸易进出口总额下降19.8%至9.7万亿美元。从构成来看，知识密集型服务贸易快速发展，建筑、保险、金融、技术服务、知识产权、个人文化娱乐和其他商业服务贸易已经占据主导地位，占国际服务贸易进出口总额比重从1990年的37.2%上升至2019年的53.2%。

南北发展更加平衡。第二次世界大战结束到20世纪90年代，国际贸易一直由发达国家主导。发达国家国际货物贸易出口份额从20世纪50年代开始一直处于上升态势，在1999年达到72%的历史最高点。2000—2019年，发达国家国际货物贸易出口份额逐年下降至54%，发展中国家出口份额从30%一路攀升至46%。整个贸易格局南北发展更加平衡，发展中国家与发达国家国际货物贸易出口份额之比从28：72变成46：54，分别升、降了18个百分点。

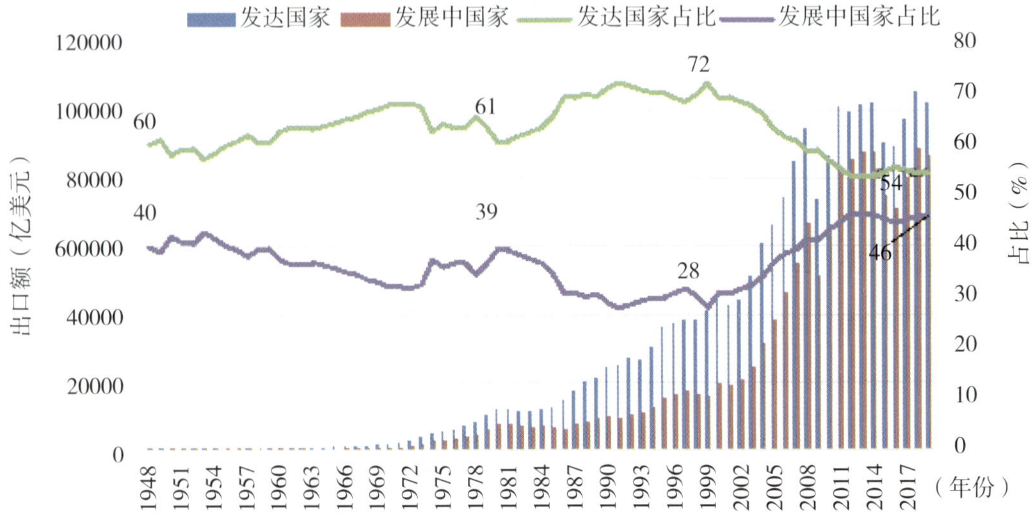

图6.5　发达国家与发展中国家国际货物贸易出口额及占比变动（1948年—2017年）

资料来源：世界贸易组织。

贸易方式不断创新。一是产品内贸易发展迅猛。在国际产业链中，发展中国家一般从事产品的加工、组装等中游环节，而发达国家从事产品的研发、设计、销售等上游和下游环节。当前中间品贸易已占国际贸易总额的2/3。二是跨国公司内部贸易日益重要。20世纪70年代，跨国公司内部贸易仅占国际贸易的20%，80—90年代升至40%，目前大约占国际贸易的80%。三是电子商务异军突起。电子商务为国际贸易的发展提供了更为便捷和低廉的手段。根据联合国贸发会议统计，2012—2018年，全球电子商务规模从1万亿美元增至25.6万亿美元。

（二）国际直接投资波动中增长

投资规模渐进扩大。冷战结束后，国际直接投资迎来大发展，1990—2007年，全球FDI流量总额从2049亿美元增至1.89万亿美元，年均增长率高达8%。2008年国际金融危机爆发后，全球FDI在波动中呈现出疲弱的态势，2015年激增至2.03万亿美元，2016—2018年，全球FDI流量连年减少，降幅分别为5.7%、22%和5.8%，2019年增至1.54万亿美元，2020年因为新冠肺炎疫情的影响，全球FDI流量断崖式下跌34.7%至9988.9亿美元。

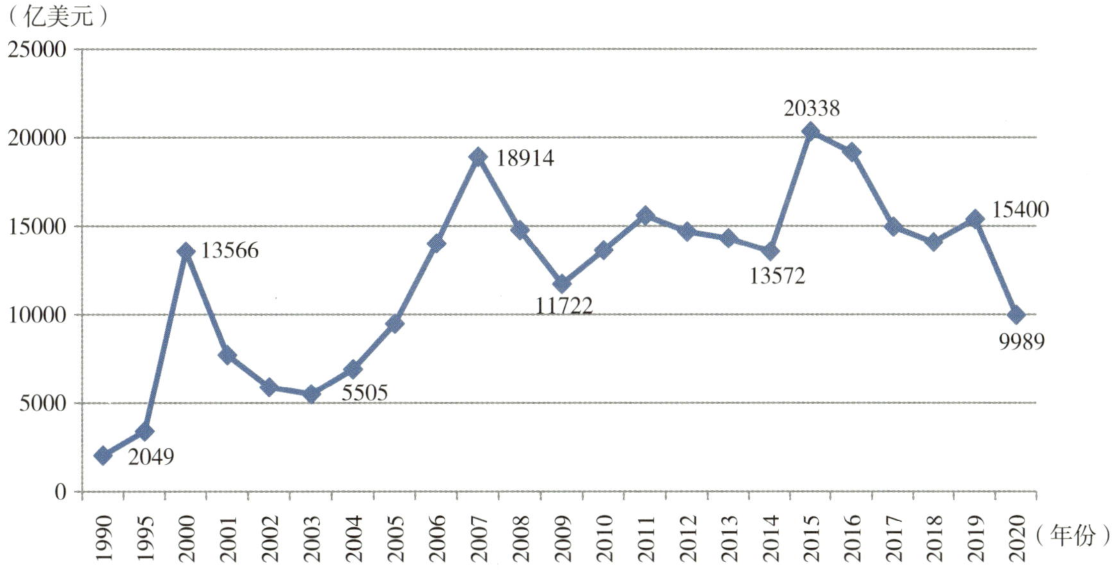

图6.6　1990—2020年全球FDI流量变化

资料来源：联合国贸易和发展会议。

区域流向更趋均衡。从全球FDI流出看，第二次世界大战后发达经济体占比从90%以上降至目前平均70%左右。从流入看，2012年发展中国家吸引外资超过发达国家，2018年发展中国家占全球FDI流入达到创纪录的54%。亚洲发展中国家、拉美和加勒比地区成为吸引外资的热点地区，2018年分别占全球FDI流入的41%和11%。2020年，东亚的FDI流入增长21%，达2920亿美元，其中中国吸收FDI达1493亿美元，占全球总额的15%。

投资结构出现调整。国际直接投资从采矿业、制造业为主，逐渐转向以技术密集型产业和服务业为主。第二次世界大战后至20世纪80年代，发达国家之间的直接投资以制造业为主。80年代后，服务业直接投资逐步增加，服务业FDI存量所占比重从20世纪70年代初的25%左右增至目前的60%以上，初级部门的FDI存量仅剩6%左右，制造业约26%。

跨国公司作用突出。根据联合国贸发会议统计，跨国公司数量从2008年金融危机之前的8万家增加到危机后的约10万家，创造的附加值从5.2万亿美元增长至7.5万亿美元，占全球GDP比重提高到10%以上。2020年全球前100家跨国公司（非金融）的海外资产比重为54%，海外销售额比重为56%，海外雇员人数比重为46%，非加权平均跨国经营指数（TNI）为61%。据估计，目前排名前100的跨国公司持有约5万亿美元现金，可提供0.5万亿美元投资，约占全球FDI流量的1/2。

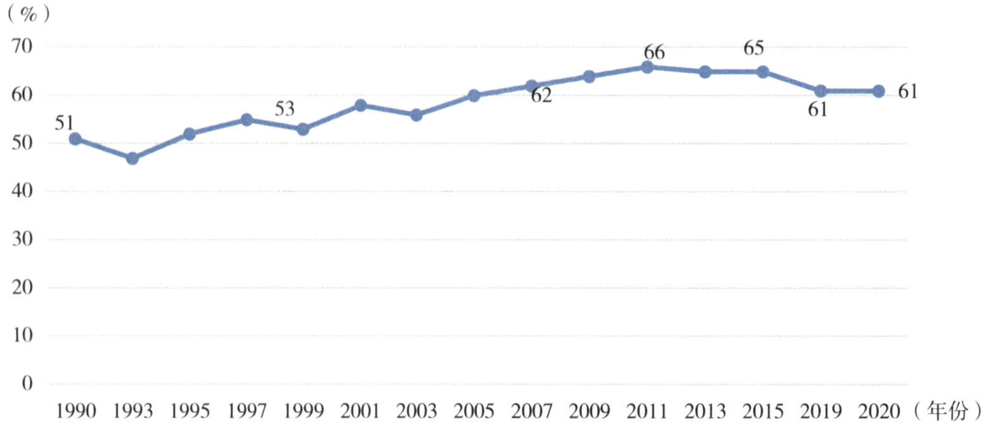

图6.7　全球前100家跨国公司跨国经营指数变化趋势

注：跨国经营指数（TNI）为以下三个比例的非加权平均值：海外资产比重，海外销售额比重，海外雇员人数比重。

资料来源：联合国贸易和发展会议。

（三）促进经济全球化向前发展

更多国家参与国际贸易和投资，有力推动了世界经济增长。第二次世界大战后至今的绝大多数年份，国际贸易增速要比世界经济增速快3个百分点左右，1990年以来前者增速高于后者一倍左右。世界基尼系数从2000年高点的0.787稳步下滑至2013年的0.694。发展中国家的高基尼系数国家数量减少，根据世界银行《世界发展报告》，2009年有4个国家超过0.6，现在则仅有一个。此外，国际贸易和投资拉长全球产业链、供应链、价值链，随之人员交流日益增多，文明交流互鉴深入推进，经贸往来成为国家间关系“压舱石”。总之，国际贸易和投资的发展，各国相互依存、利益交融不断加深，促进经济全球化不断向前，也为世界和平稳定做出贡献。

四　国际经贸合作的最新动向

当前，世界贸易投资领域的开放合作进入新阶段。越来越多国家从开放合作中受益，更高水平开放成为各国共同追求，随着新技术新产品不断出现，新领域开放合作诉求也在增加。

（一）各国关注数字贸易电子商务新议题

近年来，随着大数据、云计算、物联网、区块链、人工智能等技术的运用，数字经济和数字贸易成为新增长点。构建全球数字贸易服务监管与开放规则体系，成为各国新领域开放合作的共同诉求。2019年，76个WTO成员启动与贸易有关的电子商务谈判。区域双边谈判中，数字贸易、电子商务也成为热点议题。但是，**各国利益分歧不小，**相关谈判取得的进展有限。如，什么是数字贸易，各国尚无共识。隐私保护与数据自由流动怎么平衡？美国强调个人隐私保护应让位于数据流动，欧盟则更重视个人隐私保护。如何处理文化例外？欧盟及一些发展中国家要求数字贸易规则有例外，美国等文化产业强国则立场相左。

（二）新规则涵盖更多经济社会议题

近年来，国际贸易投资规则涉及的领域不断拓展，环保等新议题日益受到重视，成为多双边经贸谈判的关注点。面对严峻的气候变化形势，有关限制碳排放的讨论十分活跃。欧盟推进“碳边境调节机制”立法，中国宣布争取2030年实现碳达峰、2060年实现碳中和。碳排放问题与各国发展阶段、能源结构、经济增长方式密切相关，涉及国民经济结构转型和未来发展空间，因此各国反应不一。总体看，“非经贸”新议题，一定程度上反映了人类社会发展和科技进步带来的新要求，对不同发展阶段的经济体影响各异，还需要各国本着合作精神，推动建立兼顾发展水平差异，而且相对公平、公正的新规则。

第七章

中国开放的历史进程与伟大成就

“开放带来进步，封闭必然落后”，这是经过古今中外历史验证的客观规律。新中国成立以来，中国致力于发展对外互利合作，打开国门搞建设，逐步实现了从封闭半封闭到全方位开放的伟大转折。中国坚持开放发展理念，奉行互利共赢的开放战略，为促进世界共同发展、增进全球民众福祉作出了重要贡献。开放已成为当代中国的鲜明标识，是亿万中国人的深刻记忆，是国家繁荣发展的必由之路。

一　中国特色的开放发展之路

中国坚持立足国情，积极参与经济全球化，以开放促改革、促发展、促创新，对内对外开放紧密配合，实现与国际社会良性互动，在“摸着石头过河”的实践中，探索出一条中国特色开放发展道路。

（一）新中国成立后，开放事业在艰难曲折中前行（1949—1978年）

1949年新中国成立，在极其艰苦条件下，中国在坚持独立自主、自力更生基础上，努力打破外部封锁，积极开展经贸、文化等领域对外交流。毛泽东同志指出：“中国人民愿意同世界各国人民实行友好合作，恢复和发展国际间的通商事业，以利发展生产和繁荣经济。”20世纪50年代，**积极开展与“社会主义阵营”合作**。中国从苏联引进156个重大项目，覆盖工业部门特别是重工业部门，同东欧等经互会国家开展易货贸易。在大规模引进设备和技术等开放方针指引下，新中国的工业水平快速发展，为推动社会主义工业化奠定了基础。1957 **年创办广交会**，打开了通向世界的窗口，推动了国民经济建设和对外合作。20世纪60年代，逐步与日本、英国、法国等**西方国家开展经贸往来**。20世纪70年代，**中国恢复在联合国的合法席位**，中美关系逐步走向正常化，与西方国家开始建立外交关系，开放步伐加快。同时，中国确立了对外贸易管理体制，实行对外贸易专营、进出口许可制度以及外汇统一管理。

总的来看，新中国成立后的前30年间，受主客观条件制约，中国在相对封闭的环境中，艰难探索对外开放之路，为社会主义建设提供了支撑。

（二）改革开放后，开放事业在全球化浪潮中发展壮大（1978–2012年）

20世纪70年代，在新一轮经济全球化浪潮下，一些新兴工业化国家快速发展，此时也亟待重建经济。经过冷静分析国内外环境，党的十一届三中全会作出实行改革开放的历史性决策。邓小平同志指出，“关起门来搞建设是不能成功的，中国的发展离不开世界”。实行改革开放，是中国建设发展和现代化进程中的历史转折点，是决定当代中国前途命运的关键一招。

中国**首先以经济特区为窗口和试点**，设立深圳、珠海、汕头和厦门四个经济特区，利用其地处沿海特别是毗邻港澳的优势，在对外贸易、利用外资、外汇使用、外经贸管理制度等方面先行先试。随后，**开放区域逐渐推进**，从沿海开放到沿江、沿边开放，从长三角、珠三角、环渤海等东部地区到中西部地区，区域开放格局基本形成。2001年，经过长达15年艰难曲折历程，**中国成功加入世界贸易组织**，对外开放转向全方位、多层次、宽领域开放。中国充分利用世界贸易组织框架下开放的法律规制和市场导向，促进社会主义市场经济体制与国际规则接轨。与之相适应，**开放体制机制加速变革**。2004年，《中华人民共和国对外贸易法》颁布，外贸经营者实行登记备案管理。实施“以质取胜”“市场多元化”“大经贸”“科技兴贸”“走出去”“自贸区”等战略。吸收外资政策，由集中于“三来一补”项目，逐步扩大到鼓励整个制造业以及服务业利用外资。

中国"敞开胸襟、拥抱世界"，成为名副其实的开放大国。

这一阶段，中国抓住经济全球化的历史机遇，发挥比较优势、后发优势和制度优势，由点及面逐步有序推进开放，成为经济全球化的重要参与者和受益者，更是贡献者。

（三）党的十八大以来，开放事业在机遇挑战中迈向高质量发展（2012年至今）

面对世界"百年未有之大变局"，习近平主席多次对外宣示，中国"改革不停顿、开放不止步"，[①]"中国开放的大门不会关闭，只会越开越大"。[②]中国确立开放发展理念，提出共建"一带一路"倡议，加快建设开放型经济新体制，推动形成全面开放新格局，推动建设开放型世界经济和构建人类命运共同体，中国对外开放进入新时代。

确立开放发展新理念。注重提高对外开放的水平和发展的内外联动性，不断扩大开放范围、拓宽开放领域、加深开放层次，创新方式、优化布局、提升质量，推动形成陆海内外联动、东西双向互济的开放格局，以高水平开放推动高质量发展。

推进共建"一带一路"。以和平合作、开放包容、互学互鉴、互利共赢的丝绸之路精神为指引，坚持共商共建共享，大力推进政策沟通、设施联通、贸易畅通、资金融通、民心相通"五通"合作，努力将"一带一路"建设成和平之路、繁荣之路、开放之路、创新之路、文明之路、廉洁之路和绿色之路，成为中国倡议、全球共享的国际合作平台和国际公共产品，为促进全球共同发展、推动构建人类命运共同体提供"中国方案"。截至目前，中国已同170多个国家和国际组织，签署200余份共建"一带一路"合作文件。

---

① "习近平：改革不停顿 开放不止步"，新华网，2020年10月14日，http://www.xinhuanet.com/politics/leaders/2020-10/14/c_1126612093.htm。

② "习近平：在庆祝改革开放40周年大会上的讲话"，新华网，2018年12月18日，http://www.xinhuanet.com/politics/leaders/2018-12/18/c_1123872025.htm。

推进自贸试验区建设和探索自由贸易港。打造高水平开放平台，赋予自贸试验区更大改革自主权，实施准入前国民待遇加负面清单管理制度。自2013年以来共设立21个自贸试验区，已经累计向全国复制推广278项制度创新成果，有效发挥了全面深化改革和扩大开放试验田作用。2018年，决定在海南探索建设中国特色自由贸易港。2020年6月，《海南自由贸易港建设总体方案》正式印发实施，政策效应开始显现。2020年，海南货物进出口同比增长3%，高于全国平均水平；新设外资企业1005家，同比增长197.3%；引进人才12.2万人，增长177%。

举办中国国际进口博览会。中国主动向世界开放市场，持续打造国际一流博览会，已连续举办三届，2021年将举办第四届。进博会为各方共同开拓中国大市场搭建开放合作平台，为维护多边贸易体制、支持经济全球化提供国际公共产品，也为推动中国经济高质量发展、满足人民美好生活需要打造有效载体。

积极参与全球经济治理。从博鳌亚洲论坛到二十国集团、亚太经合组织，再到"一带一路"国际合作高峰论坛，中国积极履行国际责任和义务，推动世界各国增进对话交流，促进全球治理体系不断完善。2020年以来，面对新冠肺炎疫情全球蔓延，中国推动共建人类卫生健康共同体，分享防疫经验，提供力所能及的援助，开展国际抗疫合作，努力为世界经济稳定作出贡献。

引领全球化发展方向。习近平主席在世界经济论坛2017年年会提出引领世界经济走出困境的"中国方案"。中国始终支持经济全球化，始终坚持维护世界贸易组织规则，支持开放、透明、包容、非歧视性的多边贸易体制，构建开放型世界经济。中国同各国加强协调、完善治理，共同推动经济全球化朝着更加开放、包容、普惠、平衡、共赢的方向发展。中国同国际社会加强高质量共建"一带一路"合作，共同为促进全球互联互通做增量，让更多国家、更多民众共享发展成果。

这一阶段，中国深刻把握国内外发展大势，实施更加积极主动的开放战略，发展更高层次的开放型经济，支持全球贸易投资自由化、便利化，推动经济全球化朝着更加开放、包容、普惠、平衡、共赢的方向发展。

二　中国开放发展的成就与贡献

“大鹏一日同风起，扶摇直上九万里”。中国不断扩大对外开放，促进了经济社会持续健康发展。中国从贫穷落后的国家，发展成为世界第二大经济体、第一大工业国、第一大贸易国和双向投资大国。在实现自身发展的同时，中国也有力推动了世界经济发展，成为全球共同开放的重要推动者、世界经济增长的稳定动力源、各国拓展商机的活力大市场、全球治理体系改革的重要贡献者（图7.1）。

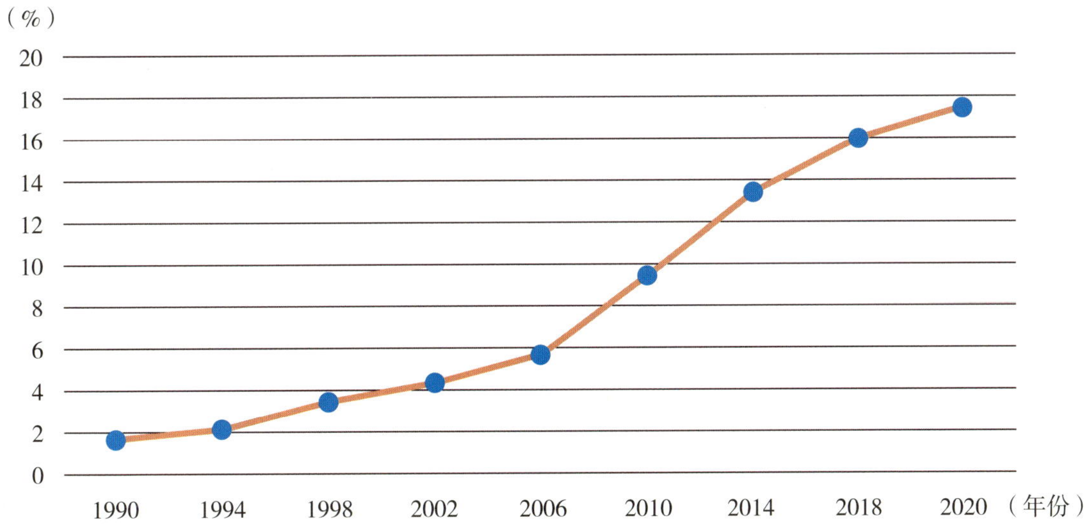

图7.1　中国经济总量占世界比重（1990—2020年）

资料来源：世界银行。

（一）开放型经济不断迈上新台阶，促进了综合实力显著提升

贸易大国地位进一步巩固。1978—2020年，中国货物进出口年均增速13.8%，占世界比重从0.8%升至13.1%，2020年货物贸易总额为4.65万亿美元（表7.1）。1982—2020年，中国服务贸易年均增速14.3%，占世界比重从1982年的0.6%升至2019年的6.6%，2020年服务贸易总额为6617亿美元。

表7.1　　1982–2020年中国对外贸易增速及全球占比　　（单位：%）

年份	对外贸易总额增速	占全球比重
1982—1985	17.6	1.6（1985年）
1986—1990	10.9	1.5（1990年）
1991—1995	20.9	2.6（1995年）
1996—2000	10.8	3.5（2000年）
2001—2005	23.9	6.4（2005年）
2006—2010	16.2	8.7（2010年）
2011—2015	6.6	10.7（2015年）
2016—2020	6.0	13.1（2020年）

资料来源：世界贸易组织。

中华人民共和国成立初期，80%出口商品为初级产品，目前工业制成品出口占比达到90%以上。20世纪80年代，高新技术产品出口占比仅2%左右，2020年已达到33%，铁路机车、通信、船舶等产品出口快速增长，成为中国出口新名片。民营企业进出口发展迅速，2020年占外贸总额比重提升至46.6%。跨境电子商务、市场采购贸易等新模式发展壮大。中国的贸易伙伴由1978年的几十个发展到超过230个，已成为120多个国家和地区的主要贸易伙伴（图7.2）。对外贸易对国民经济的贡献增强，外贸直接或间接带动就业人数约1.8亿，占全国就业总数超20%。关税、进口环节增值税、消费税等已成为国家财政收入重要来源。

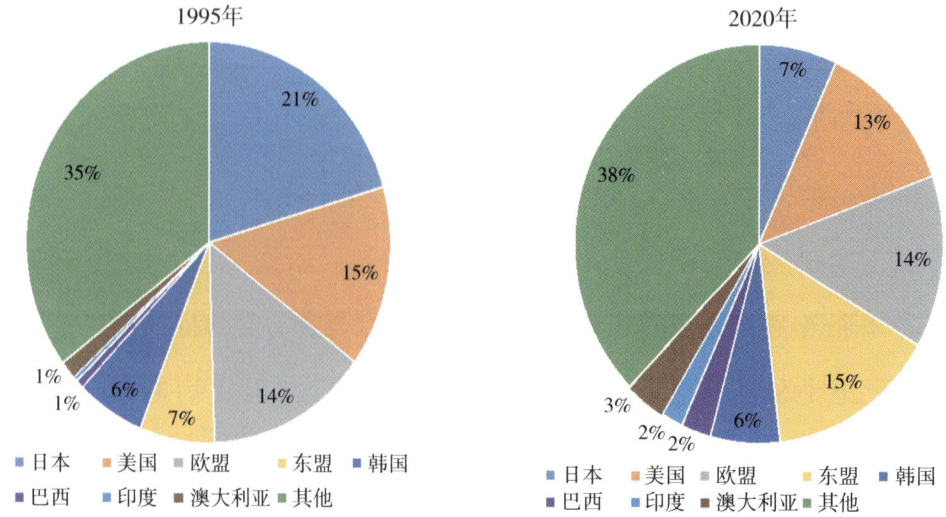

图7.2　1995年、2020年中国主要贸易伙伴进出口占比变化

资料来源：中华人民共和国海关总署。

利用外资质量水平进一步提高。1978—2020年，中国累计吸引非金融类外商直接投资23168亿美元，累计设立超过100万家外商投资企业。利用外资连续多年稳居全球前列（图7.3），2020年利用外资增至1444亿美元。目前，外资高技术产业企业数约占全国1/4。跨国公司在华投资地区总部和研发中心超过2000家。2020年1月1日，《中华人民共和国外商投资法》正式施行，成为中国第一部外商投资领域统一的基础性法律。中国的营商环境持续改善，对外资吸引力日益增强。大量外资进入中国，带来了先进生产技术和管理经验，促进了传统产业转型升级和新兴产业发展，推动了中国工业化、城镇化和现代化进程。

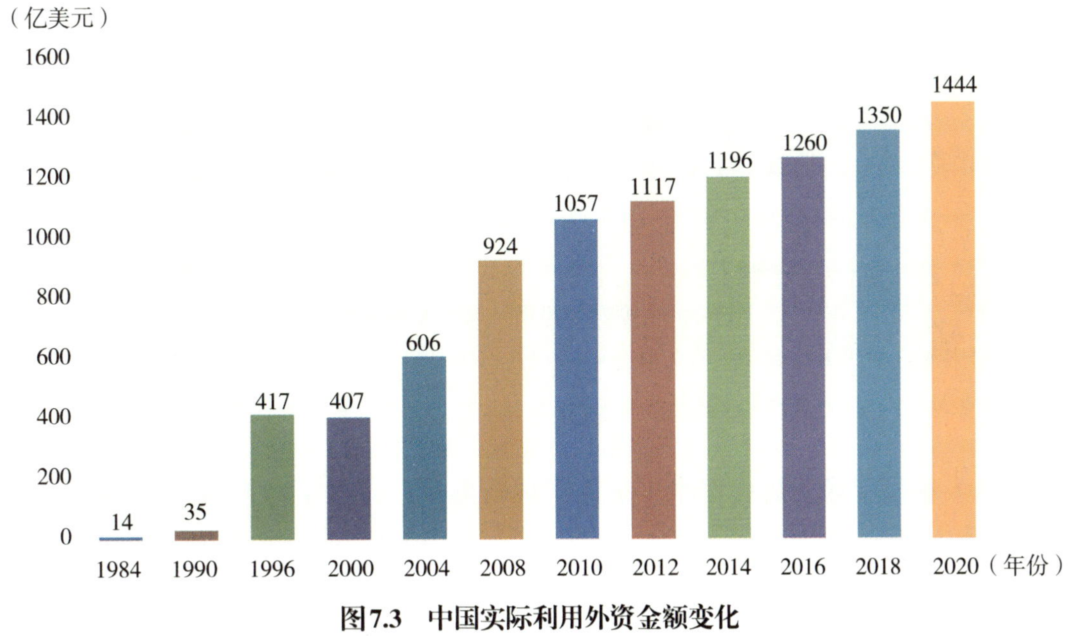

图7.3　中国实际利用外资金额变化

资料来源：中华人民共和国商务部，国家统计局。

全球资源配置能力进一步增强。20世纪80年代初，中国对外直接投资的流量和存量占全球比重不足0.1%。随着“走出去”战略推进，对外直接投资额从2003年的29亿美元增加到2020年的1329亿美元（图7.4）。中国积极开展国际产业合作，2020年对“一带一路”沿线国家非金融类直接投资逆势增长18.3%。中国企业“走出去”步伐加快，为促进东道国经济增长、扩大当地就业作出了贡献。截至2020年年底，中国建设的境外经贸合作区累计投资3094亿元，为当地创造了37.3万个就业岗位。伦敦大学亚非学院一项调查报告表明，中国企业在非洲一些地区建设工地和工厂，当地员工雇佣率在90%以上。

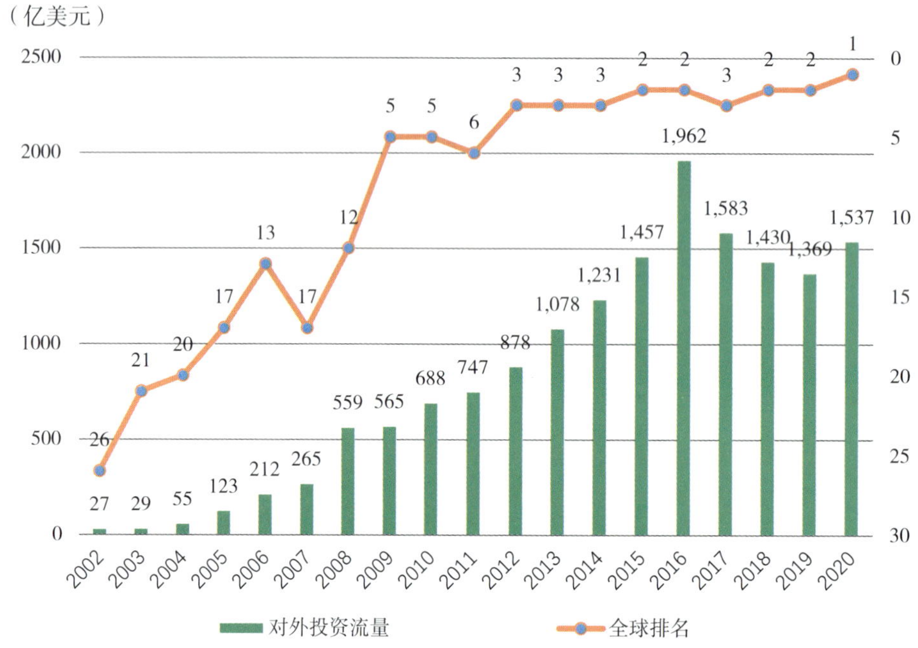

图7.4　中国对外投资流量及世界排名

资料来源：中华人民共和国商务部《中国对外直接投资统计公报》（1990—2020年）。

（二）参与全球开放合作水平不断实现新提升，促进了世界各国共同发展

双边层面合作不断深化。从构建合作稳定的大国关系，到“亲、诚、惠、容”的周边外交理念，再到“真、实、亲、诚”的对非政策理念，中国积极发展和巩固与各国友好合作。目前，与130多个国家和地区签订了双边投资保护协定，经贸等各领域合作逐步推进，与各国利益交会点不断扩大。

区域层面合作进展显著。中国实施自由贸易区提升战略，构建面向全球的高标准自由贸易区网络。截至2020年年底，中国已与26个经济体达成了19个自贸协定；成功签署《区域全面经济伙伴关系协定》（RCEP），成为全球规模最大的自贸区；完成中欧投资协定谈判，积极推进中日韩、中国—海合会等多个自贸协定谈判；深化澜湄、大湄公河、大图们等区域、次区域合作。

多边层面合作贡献增大。中国放眼全球，胸怀世界，不断寻求各国利益交

会的最大公约数。坚定维护多边贸易体制，积极参与世界贸易组织改革。积极参与联合国、二十国集团、亚太经合组织、金砖国家、上合组织等多边及区域机制，提出中国倡议、中国方案。新冠肺炎疫情暴发后，中国支持世界卫生组织发挥领导作用，呼吁国际社会加大对世界卫生组织政治支持和资金投入，完善全球公共卫生治理体系，在保障国内抗疫需求的基础上，尽己所能向200多个国家和地区出口防疫物资。2020年3月至2020年年底，中国出口口罩2242亿只，相当于为中国以外全球每人提供近40个口罩；出口防护服23.1亿件、护目镜2.9亿副、外科手套29.2亿双、呼吸机27.1万台、病员监护仪66.3万台、红外测温仪1.2亿件、新冠病毒检测试剂盒10.8亿人份。截至2021年8月4日，中国已通过援助、出口、联合生产等多种方式，向超过100个国家和国际组织提供7.7亿剂疫苗，惠及数亿民众，为加强国际抗疫合作、推动构建人类卫生健康共同体作出积极贡献。

（三）各领域协同开放不断取得新进展，促进了人文交流与互学互鉴

科技合作成果丰硕。改革开放伊始，中国就先后与法国、英国、美国等签订政府间科技合作协定。目前，中国已与160多个国家建立科技合作关系，签署政府间合作协议超过110个。自2013年起，中国成为世界第二大研发经费投入国，研发人员总量、发明专利申请量分别连续多年居世界首位。世界知识产权组织发布的全球创新指数显示，2020年，中国国家创新能力排名位列全球第14位，是唯一进入前30名的中等收入经济体。

文化“走出去”增进互信。文化贸易和投资快速增长。改革开放以来，中国对外文化交流不断扩大和深化。2019年，文化产品进出口1114.5亿美元，文化、体育和娱乐业对外投资额5.4亿美元，对“一带一路”沿线国家和地区文化出口203.5亿美元，2020年受疫情影响有所下降。文化软实力不断提升。已与相关国家建立高级别人文交流机制。文化交流、文化贸易和文化投资并举的“文化走出去”，推动中华文化走向世界。

教育合作加快推进。来华留学规模从1978年的1200余人增加到2018年的49

万余人，中国成为亚洲最大的留学目的国。来华留学生结构不断优化。2019年，来华留学的学历生比例达到54.6%；来自“一带一路”沿线国家的留学生占比达54.1%。出国留学人数从1978年的860人增加到2019年的70.4万人，累计超过656万人。2019年留学回国人员总数超过58万人，同比增长11.7%。2020年，教育合作一定程度上受到疫情不利影响，但出国和归国两种留学热潮已形成，与国家战略、行业需求契合度不断提升。

三 中国开放发展的经验与启示

实践蕴含智慧，历史昭示未来。回顾中国对外开放历程，总结成功经验、把握历史规律、明确未来方向，将有助于更好推动全球开放合作，携手构建人类命运共同体。

（一）坚持在立足国情下顺应大势

新中国成立70多年来，中国立足自身实际、抓住外部机遇，主动融入世界。国门初开之时，正值新一轮产业革命和经济全球化开启，中国充分利用劳动力、土地、资源等低成本优势，全面参与国际分工，发展加工贸易和劳动密集型产业，逐步成为世界工厂。进入21世纪，经济全球化潮流势不可当，中国利用产业配套能力强、基础设施完备等优势，承接高端研发制造和服务外包等更高层次产业转移，更深融入世界经济体系。党的十八大以来，中国发挥综合实力、庞大市场、创新创业等新优势，顺应与世界深度融合、命运与共的大趋势，推动形成全面开放新格局，高质量共建“一带一路”，推动建设开放型世界经济。中国的对外开放始终体现了中国国情与世界大势的紧密结合，在不断探索中形成了符合自身实际的对外开放道路。

（二）坚持以开放促改革促发展

回顾中国改革开放历史，改革与开放始终相互促进、一体推进。从一定意义上说，改革就是开放，开放也是改革，目的都是要更好地服务于经济社会发展大局。中国对外开放的每一次重大突破，都加速了对内深化改革进程。最早开放的4个经济特区及沿海、沿江、沿边开放等，有力推动了社会主义市场经济体制的建立。加入世界贸易组织，与多边规则有效对接，不断强化市场作用，加快了社会主义市场经济体制的完善。近年来中国积极推动贸易自由化、便利化，通过自贸试验区开展压力测试，加快制度创新。开放与改革高度联动和正向反馈，以开放促改革，是中国实现持续快速发展的宝贵经验。

（三）坚持在扩大开放中维护安全

中国既坚定不移扩大开放，又坚持稳步有序，促进对外开放与经济安全动态有机统一。改革开放初期，中国设立经济特区、经济开发区，就是发挥其开放先导和示范作用，为全国积累经验。加入世界贸易组织，积极履行承诺。中国始终把握对外开放主动，坚持底线思维，渐进式开放市场，设置过渡期，有效维护产业安全。既打开窗户，沐浴新鲜空气和阳光；也装好纱窗，有效防范风险。

（四）坚持在发展自己的同时造福世界

中国的开放历程证明，中国的发展离不开世界，世界繁荣也需要中国。中国不搞以邻为壑，不搞保护主义，始终坚持合作共赢，促进共同发展，在扩大开放中与各国分享发展机遇和红利。中国坚持互惠互利原则，发展与各国经贸合作，力所能及援助发展中国家。随着中国与世界经济互动加深，中国致力于完善国际贸易规则体系，支持各国共同发展。中国始终把自身发展与世界共同发展紧密结合，欢迎各国搭乘中国发展“快车”“便车”，让发展成果惠及更多国家。

四　推动高水平对外开放的展望

当前，中国开放发展仍面临一些问题，对外贸易大而不强、区域开放发展不平衡、服务领域开放不充分、全球资源配置能力不足等仍然存在，需要进一步加大开放力度，提升开放质量。迈上全面建设社会主义现代化国家新征程，中国将加快构建新发展格局，实行高水平对外开放，推动中国与世界市场相通、产业相融、创新相促、规则相联，在更高开放水平上实现良性循环，为全球创造更多增长机遇、创新机遇和发展机遇。

（一）更加注重开放的全面性

坚持沿海开放与内陆、沿边开放相结合，优化全方位开放布局。进一步放开一般制造业，有序扩大服务业、农业开放，推动科技、教育、文化、社会等领域开放。推动从商品和要素流动型开放向规则等制度型开放转变，营造更加市场化、法治化、国际化营商环境，持续打造更高层次的开放型经济。

（二）更加注重开放的均衡性

立足畅通国内国际双循环，协同推进国内强大市场和贸易高质量发展，以国内大循环吸引全球资源要素，积极促进内需和外需、进口和出口、引进外资和对外投资协调发展。坚持多边开放与区域开放相结合，维护以世界贸易组织为核心的多边贸易体制，推动经济全球化和区域经济一体化。

（三）更加注重开放的包容性

秉持共商、共建、共享的全球治理观，积极倡导和而不同与包容共生，把世界多样性和各国差异性转化为发展活力和动力。积极参与全球治理改革，提供更多国际公共产品，加强经济技术合作，促进包容性贸易和投资，提升国际携手应对突发公共事件能力，坚持包容可持续发展，构建人类命运共同体。

（四）更加注重开放的安全性

既重视开放发展问题，也重视开放安全问题。客观认识国际环境变化和开放发展遇到的新情况、新问题、新挑战，着力增强自身竞争能力、开放监管能力、风险防控能力，炼就金刚不坏之身。坚持总体国家安全观，加快建立科学高效、合规有序的开放型经济安全保障体系，在扩大开放中动态谋求更高层次的经济安全。

回顾过去，中国经济发展是在开放条件下取得的，面向未来，中国经济实现高质量发展也必将在更加开放的条件下进行。中国将继续顺应经济全球化潮流，走好中国特色开放之路，同各国人民一道，把世界建设得更加开放、更加美好。

第八章

以高水平对外开放推动构建新发展格局

加快构建以国内大循环为主体、国内国际双循环相互促进的新发展格局，是应对“百年未有之大变局”、实现中华民族伟大复兴的战略抉择，是事关全局的系统性深层次变革，是习近平新时代中国特色社会主义经济思想的又一重大理论成果。

一　新发展格局是新发展阶段的必然选择

党的十八大以来，根据经济发展进入新常态的新形势，中国坚持创新、协调、绿色、开放、共享的新发展理念，推进供给侧结构性改革。当前，面对“两个大局”，我们立足新发展阶段，完整、准确、全面贯彻新发展理念，加快构建新发展格局。这既是供给侧结构性改革的递进深化，也是以往发展战略的整合提升，具有重大现实意义和深远历史意义。

（一）这是建设社会主义现代化国家的必然要求

我国已经开启全面建设社会主义现代化国家的新征程，向第二个百年奋斗目标进军。**从国际看**，内需为主是大国经济发展的普遍规律。2020年，美国外贸依存度为18.2%，日本为25.6%，我国为31.5%，处于较高水平。**从国内看，**中国增长动能正在发生转变，越来越依赖内需驱动。2020年，中国最终消费率接近55%，高于资本形成总额11.2个百分点，但仍比世界平均水平低20个百分点左右，还有较大提升空间。优质商品供给不足，2019年，中国居民境外消费达1.7万亿元。优质医疗、教育、养老等服务难以满足需要。加快构建新发展格局，增强经济发展的自主性，与时俱进提升中国经济发展水平，符合经济发展客观规律，具有历史必然性。

（二）这是应对世界“百年未有之大变局”的战略举措

外需不确定性加大。2008年国际金融危机后，外部环境趋紧，国际贸易增速由过去经济增速的两倍降为不到一倍，国际投资在波动中总体下滑。2020年新冠肺炎疫情暴发后，经济全球化阻力增大，国际大循环动能明显减弱。2020年，世界经济萎缩3.3%，全球货物贸易下降7.6%，服务贸易下降19%，外国直接投资下降42%。

国际竞争力有待持续增强。我国人口、土地、资源等传统优势弱化，创新、管理、标准等新优势尚未完全形成。稳住产业链供应链任务加重，全球产业链、供应链加快重塑，逆全球化带来的挑战增多，外部环境复杂多变，提升产业链供应链韧性和安全性的要求更为迫切。加快构建新发展格局，将打造我国国际合作和竞争新优势，增加经济回旋余地，维护中国经济安全。

专栏8-1　标准在国际经贸合作中的作用

标准作为世界“通用语言”，是国际贸易的通行证，世界各个国家都高度重视标准化的合作和交流，重视应用标准开展国际间的产能合作、技术交流等经贸往来。

中国积极推动采用国际标准，特别是在机械、化工、轻工、电子等40多个行业领域，已经形成了较完备的采标体系，有效促进了对外贸易的发展。同时，也积极参与国际标准制定，特别是在家电、特高压输电、信息技术、中医药、服装等领域积极向国际标准化组织提交标准提案，为完善相关领域的国际贸易规则做出中国贡献。

为推进“一带一路”建设，中国与国际标准化组织、“一带一路”沿线国家的标准机构建立了广泛的合作和交流。截至2019年年底，中国国家标准委与54个国家、地区标准化机构和国际组织签署了97份标准化多双边合作文件。

（三）这是推动构建人类命运共同体的必由之路

人类生活在同一个地球村，越来越成为你中有我、我中有你的命运共同体。**经济全球化历史大势不可逆转**。“地球村”高度联通，各国经济深度融合、命运与共，任何国家都不可能关起门来发展，客观要求国内、国际双循环相互促进。**国际社会对中国期待明显提升**。中国经济体量庞大，主要经济指标位居世界前列，是120多个国家的主要贸易伙伴，国际上对中国合作诉求更高。**主动开放推动命运与共**。以中国开放推动世界开放，以14亿人口单一大市场主动扩大开放、主推自由贸易，将促进与世界良性互动，“你好我也好”。加快构建新发展格局，推动与世界合作共赢，不追求一枝独秀，展现中国责任与担当，有利于世界分享中国发展红利，促进共同发展。

二　扩大国内消费，形成强大国内市场

加快培育完整内需体系，是党中央深刻洞悉国内、国际发展大势作出的重大科学判断和战略选择，凸显了坚持扩大内需的重要性和紧迫性。形成强大国内市场，向以国内大循环为主的发展战略过渡势在必行。**一方面我国内需特别是消费比重过低**。内需包括投资与消费，我国投资率总体很高，消费率明显偏低。当前，美、日等主要大国社零总额/出口值稳定在4∶1和6∶1，我国不足2∶1。社零总额和出口值都属于最终商品需求，这大体上表明我国内外需比例失调，内需作用还需提升。**另一方面我国市场潜力巨大**。随着我国向社会主义现代化国家迈进，国内市场规模不断扩大。麦肯锡研究认为，到2035年中国消费市场规模超过欧美总和。实施扩大内需战

略，持续提升消费率，有利于发挥强大国内市场优势，有利于经济长期稳定发展。

目前我国内需市场发展不充分，主要体现在如下方面。**消费能力不强**。初次分配中居民收入占比低，2020年，我国居民月人均可支配收入为2682元，仅占人均GDP的44.7%，扩大消费缺乏稳固基础。2020年疫情后居民收入不稳定性增加，消费回暖相对滞后，全年社零总额没有实现正增长。**消费动能不足**。我国面临老龄化加剧、劳动人口占比下降等情况，汽车等大宗商品消费趋于饱和，很多线上消费是线下消费的转移，持续的消费新动能有待挖掘。**城乡发展不够平衡**。农村人口占36%，但乡村社零额仅占14%。我国城市总体消费是农村消费的3.7倍，人均消费是农村的2倍。**现代商贸流通发展不足**。我国社会物流总费用率达14.7%，比发达国家高6—7个百分点。流通企业国际化水平低，苏宁易购与沃尔玛门店总数差不多，但海外门店仅占0.5%，远低于沃尔玛的60%。冷链流通率低，基础设施的保障能力不足，冷藏保温车人均保有量仅为美、日的8%左右。

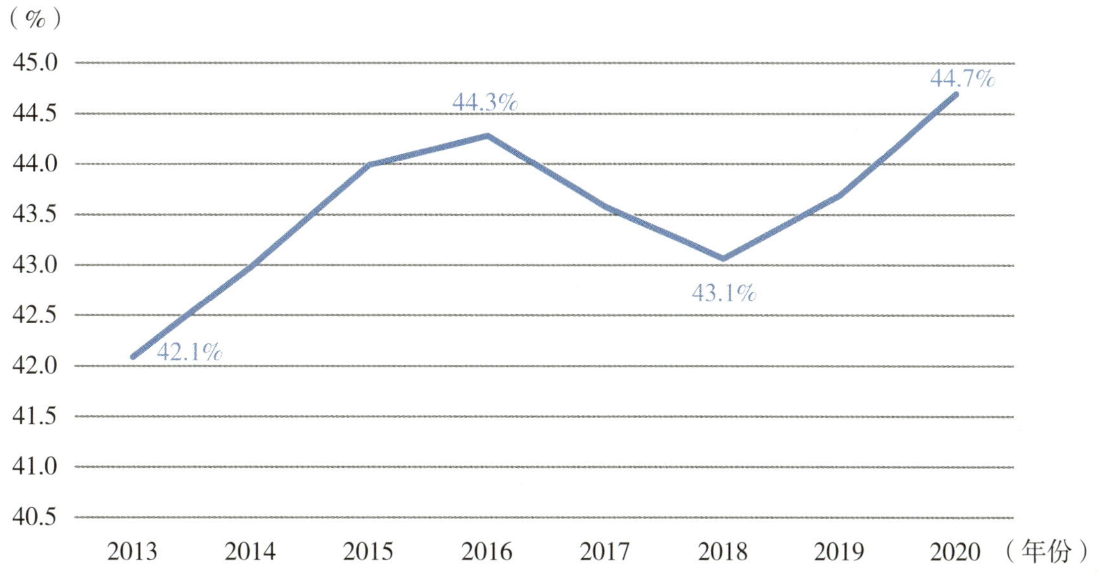

图8.1　2013—2020年中国人均可支配收入/人均GDP

资料来源：国家统计局。

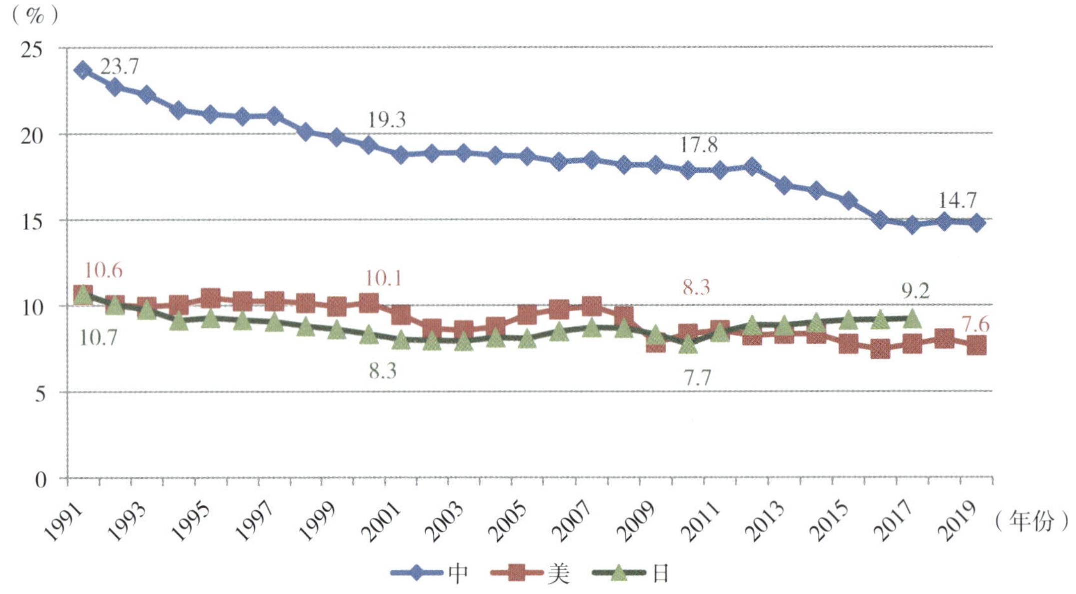

图8.2　中、美、日社会物流总费用与GDP的比例（1991—2019年）

资料来源：中国物流与采购联合会、美国供应链管理专业协会、日本物流系统协会。

同时，我国扩大内需消费潜力巨大。**消费长期向好的基本面没有改变**。我国人口总量、中等收入群体规模均居世界首位，人均GDP超过1万美元。随着乡村振兴战略实施和城镇化加快，将带动农村消费快速增长。**消费升级的整体趋势没有改变**。以“90后”“00后”为代表的年青一代约占总人口的1/4，在网民中占比更高，日益成为拉动消费的中坚力量。个性化、多样化消费成为主流，无人销售、共享经济等新型消费以及发展型、享受型消费持续升温，居民在旅游、文化、娱乐、健康、生态等方面的服务消费将持续扩大。**扩大消费有基础、有条件、有空间**，我国有望成为第一大商品消费市场。近十年我国最终消费率年均提高0.5个百分点；预计到2035年达62%左右，消费规模增长约1.5倍。

新发展格局要坚持以供给侧结构性改革为主线，注重需求侧管理，形成需求牵引供给、供给创造需求的更高水平动态平衡；要持续扩大消费，加强现代流通体系建设，打通堵点、补齐短板，完善硬件和软件、渠道和平台，将强大国内市场打造成吸引全球要素资源的巨大“磁力场”。

全面促进消费。增强消费对经济发展的基础性作用，开拓城乡消费市场。

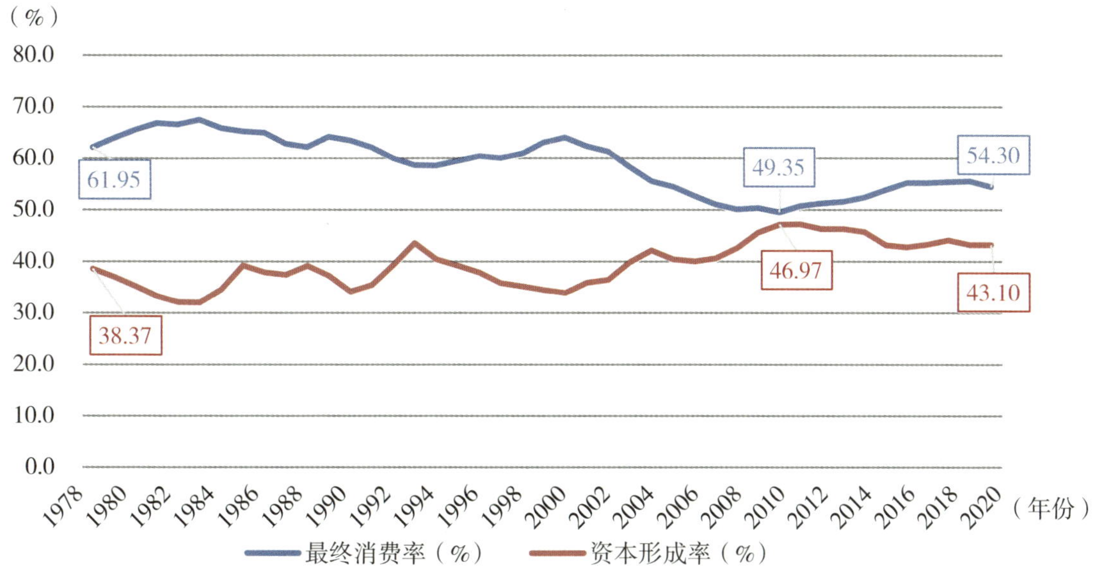

图8.3　1978—2020年中国最终消费率和资本形成率

资料来源：国家统计局。

促进商品消费，发展服务消费，扩大农村消费，推动县域商业高质量发展，建立健全农村商业体系，提升城市消费，促进城市消费提质升级。

培育新型消费。培育以信息技术为手段、以多业态聚合、多场景覆盖为特征的新型消费，发展商品消费新模式，支持消费领域平台企业打造数字消费新场景，加强智能服务终端建设，营造规范有序的新型消费发展环境。

升级消费平台。在上海市、北京市、广州市、天津市、重庆市，率先开展国际消费中心城市培育建设。推动城市商圈错位发展，高质量改造提升步行街。打造城市一刻钟便民生活圈。建立健全促消费常态化机制，支持中国国际消费品博览会打造全球消费精品展示交易平台。

健全流通体系。健全流通骨干网络，构建城乡高效配送体系，完善农村流通体系，提升流通效率，降低流通成本。培育具有全球竞争力的现代流通企业，激发中小商贸企业活力，加强老字号保护发展，推动商品市场创新发展，培育壮大电子商务企业。支持实体商业升级，加快流通创新转型，加强商贸流通标准体系建设。

三　促进内外良性循环，推动高质量发展

全球化时代，内中有外，外中有内，水乳交融，分也分不开。新发展格局绝不是封闭的国内循环，而是开放的、相互促进的国内国际双循环；以国内大循环为主体，绝不是关起门来封闭运行，而是通过发挥内需潜力，使国内市场和国际市场更好联通，更好利用国内国际两个市场两种资源，实现更加强劲可持续的发展。**从以外促内看，**外循环越通畅、内循环越有质量效益。中国的发展始终离不开外部世界，国际人才、技术、管理以及数据资源等是最根本的生产要素。促进双循环良性互动，更好吸引全球优质资源要素，能够满足国内需求，提升我国产业技术发展水平，形成参与国际经济合作和竞争新优势。**从发展空间看，**我国外需还有增长潜力。历史上美英国际贸易份额最高都曾达20%以上，近年我国仅13%左右；我国人均货物和服务出口额只有美国的1/4，日本的1/5，德国的1/10。促进双循环良性互动，有利于更好实现内需和外需、进口和出口、引进外资和对外投资协调发展。

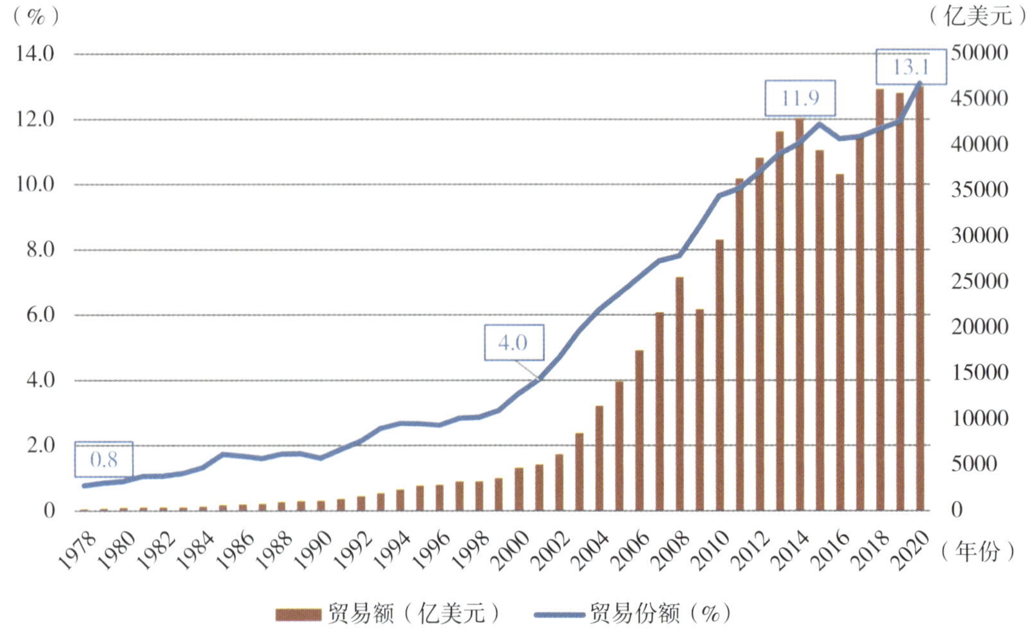

图8.4　1978—2020年中国贸易额及占世界贸易额比例

资料来源：世界贸易组织。

当前，国内、国际双循环也面临一些隐忧。改革开放初期，为充分发挥劳动力等资源禀赋优势，我国以“两头在外”方式参与国际经济大循环，以外促内成效显著，成为发展奇迹的重要动力。但是，两个循环客观上也存在内外分立、双轨并行的特点，内外循环之间的畅通存在很多堵点。**国内外市场有待进一步融合**。由于国内外质量标准、检验检疫、认证认可、销售渠道等不一致，外贸企业生产的产品只能销往海外，国内消费者还得“海淘”中国制造的外贸产品。**利用两种资源有待进一步提高**。我国采取渐进式开放，目前实体制造业基本已全部放开，但在某些领域还存在一些准入限制。截至2020年，我国吸引外资存量和对外投资存量规模均为美国的30%左右，我国利用全球资源的能力还有待提高。**规则对接有待进一步加强**。国际经贸谈判内容从“边境上”向“边境后”议题延伸，同时，网络安全、数字主权、数据流动等新议题规则之争更趋激烈。我国自贸区建设的水平还不高，参与高水平规则制定程度不深，与世界先进水平存在较大差距。

专栏8-2　“边境上开放”和“边境后开放”

边境上开放是指通过降低关税和非关税壁垒，实施优惠引资政策等方式，减少商品和资本流动障碍，实现要素流动。这是中国改革开放40多年来的主要方式。

边境后开放是指通过国内改革，在知识产权、公平竞争、环境保护、劳动问题、消费者保护等方面加大开放力度，实现与国际规则接轨，吸引更多要素资源流动，是更高层次的开放。

构建新发展格局，不仅要畅通国内大循环，还要提升国际大循环，**更要让两个循环相互促进，就像一个横“8”字，让内循环牵引外循环，外循环促进内循环，在更高水平开放上形成良性循环**。推动**市场相通**的良性循环，不断扩大市场准入，把强大国内市场打造成自身发展的主引擎、共同发展的加速器。推动**产业相融**的良性循环，在全球产业格局中，打造更加开放、更具韧性、更有活力的产业链供应链。推动**创新相促**的良性循环，不是要“脱钩”，而是要走开放式创新之路，深化创新的国际合作。推动**规则相联**的良性循环，促进国内规则与国际规则的有效衔接，提升开放的系统性、整体性、协同性。

推进对外贸易创新发展。强化贸易领域科技创新、制度创新、模式和业态创新，推动进口与出口、货物贸易与服务贸易、贸易与双向投资、贸易与产业协调发展。优化贸易结构，推动进出口向高端化、精细化发展，打造“中国商品”品牌。提升贸易平台，发挥好进博会等重要展会平台作用。培育贸易发展新动能，加快数字技术与贸易发展深度融合。创新发展服务贸易，打造“中国服务”品牌。

提高利用外资质量。全面落实外商投资法及实施条例，持续优化市场化、法治化、国际化营商环境，着力优结构、提质量，以高水平开放吸引全球优质要素。进一步缩减外商投资准入负面清单。加快完善新型外资管理体制，提升事中、事后监管水平。创新提升国家级经济开发区，提升对外合作水平、提升经济发展质量。

专栏8-3　《中华人民共和国外商投资法》实施

《中华人民共和国外商投资法》（以下简称《外商投资法》）于2020年1月1日起生效施行，取代《中外合资经营企业法》《外资企业法》和《中外合作经营企业法》（简称“外资三法”），是一部外资领域新的基础性法律，为新形势下进一步扩大对外开放、积极有效利用外资提供更加有力的制度保障。《外商投资法》的出台标志着中国制度型开放迈出了一大步。

《外商投资法》包含六章四十一条，对外商投资促进、投资保护、投资管理等内容加以明确，确立了准入前国民待遇加负面清单制度，明确提出坚持内外资一致，加强对外商投资企业的产权保护，建立健全外商投资服务体系和国家外商投资信息报告制度等制度性措施。

《外商投资法》突出积极扩大对外开放和促进外商投资的主基调、坚持外商投资基础性法律的定位、坚持中国特色和国际规则相衔接。外国媒体高度关注《外商投资法》，认为其增强了外国投资者信心和中国市场对外资的吸引力，彰显了中国进一步扩大对外开放的决心和积极努力。

优化区域开放布局。鼓励各地立足比较优势扩大开放，与区域重大战略、区域协调发展战略有效衔接，促进区域间开放联动，推动构建陆海内外联动、东西双向互济的开放格局。加强东部地区开放引领，加快中西部和东北地区开放步伐，加大沿边地区开放力度，深化对港澳台地区开放合作。

提升对外投资和经济合作水平。支持企业参与全球产业链、供应链重塑，促进国内外产业协同，引导对外投资合作平稳有序发展，推动中国产品、服务、技术、品牌、标准走出去。创新对外投资方式，推动对外承包工程转型升级，促进对外劳务合作有序发展，健全对外投资合作政策和服务体系。

四　始终坚持以改革开放为强大动力

中外历史昭示，开放带来进步，封闭必然落后。开放是国家繁荣富强的根本出路、是中国发展的关键一招。改革开放40多年来，正是因为我们坚持打开国门搞建设，以开放促改革、促发展、促创新，才实现了从封闭半封闭到全方位开放的伟大转折，增强了综合国力，提高了国际影响力。中国越开放越发展，越发展越开放，中国开放的大门不可能关闭。我们推动更深层次改革，实行更高水平开放，为构建新发展格局提供强大动力。

当前，我国改革已经进入深水区，“入世”的开放红利正在消失，重点领域关键环节的改革开放任务仍然艰巨，成为制约高质量发展、高品质生活的体制机制障碍。**国内统一大市场有待完善**。近年来，我国在打破地区封锁、建立全国统一市场方面取得了长足进展，但一些市场限制和地方保护仍然存在。**对外开放水平有待提升**。我国在成本低、冲击小、相对比较容易凝聚共识的领域已经逐步开放到位，但扩大开放仍有巨大空间。目前我国开放指数为0.74，全球排名第40位，明显低于发达国家；服务业开放明显滞后。**统筹开放与安全的能力有待加强**。改革开放40多年来，我们在扩大开放过程中增强了综合国力，显著提升了安全维护能力。当前国际形势更加复杂，面临的外部风险和挑战日益增多，我国驾驭开放与安全复杂局面的能力还不能适应环境变化。

中国的发展离不开世界，世界的繁荣也需要中国。改革开放以来，我们坚持对外开放基本国策，发挥劳动力等要素低成本优势，抓住经济全球化的重要机遇，积极参与国际分工，“以外促内”推动了国民经济高速增长，人民生活从温饱不足到全面小康。疫情暴发以来，浙江、江苏、山东等开放大省，以及深圳、苏州等开放城市，全产业链优势明显，危中寻机意识和能力更强，外贸外资好于全国平均水平。**实践充分证明：开放增强了综合实力，越是开放的地方，综合实力越强，经济韧性越足，安全程度越高，所以大开放带来大发展、大发展带来大安全**。在当前新老方式转变、新旧动力转换的关键阶段，国内全面深化改革进入深水区，国际形势不确定性增多，更需要以中国全面扩大开放推动世界共同开放，更需要“以内带外”促进世界经济复苏，更需要坚定不移地向开放要动力、要红利。

坚定不移全面扩大开放。要全面提高对外开放水平，推动贸易和投资自由化、便利化。建设更高水平开放型经济新体制，持续深化商品和要素流动型开放，稳步拓展规则、规制、管理、标准等制度型开放，推动构建与国际通行规则相衔接的制度体系和监管模式。从“要素开放”转向“制度开放”，推动双循环相互促进、深度融合。

建设改革开放新高地。通过制度创新，打造具有引领和示范作用的改革开放新高地。全面深化改革，实施高标准市场体系建设行动。推动自贸试验区港高质量发展。发挥自贸试验区先行先试作用，赋予其更大改革自主权，加大开放压力测试，持续释放改革开放红利。稳步推进海南自由贸易港建设。

更好参与国际经贸合作。坚持共商、共建、共享原则，深化“一带一路”经贸合作。积极参与世界贸易组织改革，推动完善世界贸易组织规则，提升贸易政策合规水平。推动完善全球经济治理机制，深化与联合国及相关机构合作，支持主要经济治理平台更好发挥作用，积极参与新兴领域经济治理规则制定。优化自贸区布局，推动商签更多高标准自贸协定，做好CPTPP工作，加快中日韩自贸协定谈判进程。推进大国协调合作，深化同周边国家经贸关系，加强与发展中国家团结合作。

切实统筹好发展与安全。贯彻总体国家安全观，越开放越要重视安全，着力增强自身竞争能力、开放监管能力、风险防控能力，炼就金刚不坏之身。健全产业损害预警机制，促进国际产业安全合作，维护产业链和供应链安全。坚持以开放增实力防风险，在更高层次上动态维护国家经济安全。

第九章

自贸试验区和自贸港是改革开放新高地

建设自由贸易试验区，是党中央在新时代推进改革开放的重要战略举措。在海南建设中国特色自由贸易港，是习近平总书记亲自谋划、亲自部署、亲自推动的改革开放重大举措。自2013年首个自贸试验区在上海设立以来，自贸区港建设取得积极进展，成为新时代改革开放的试验田和新高地。

一　新时代对外开放的主动探索

习近平总书记强调，要以更大的力度、更实的措施全面深化改革、扩大对外开放。[①] 建设自贸区港，一定意义上是盘活改革开放大棋局的棋眼，对于更好地以开放促改革、促发展，具有重要理论和实践意义。

（一）重大意义

推进更高水平开放的“先手棋”。自贸区港的设立，进一步向世界亮明了中国全方位开放的鲜明态度，旨在为探索开放新理念、新体制、新模式积累经验。

推动高质量发展的“新引擎”。自贸区港以制度创新为核心，旨在破除阻碍对外开放的体制机制障碍，为全国经济发展质量变革、效率变革、动力变革发挥了示范和带动作用。

---

① “以更大力度更实措施全面深化改革”，光明网，2018年3月26日，https://theory.gmw.cn/2018-03/26/content_28105613.htm。

推动经济全球化的“加速器”。自贸区港主动应对全球经贸形势变化，对标高标准国际经贸规则和通行做法，在更高水平上推动贸易投资自由化、便利化，为建设开放型世界经济、推动经济全球化提供了动力。

（二）发展特点

自贸试验区数量从少到多。2013年9月，首个自贸试验区在上海挂牌运行。此后又陆续批准建设广东、辽宁、海南等自贸试验区，总数共21个，增设上海自贸试验区临港新片区，浙江自贸试验区扩区。2018年，中国决定在海南探索建设自由贸易港。目前已基本形成覆盖东西南北中的试点格局。

涵盖区域从小到大。自贸试验区成立之初，面积仅28.8平方公里，随后7年数次扩容扩面。目前，除上海自贸试验区为240.22平方公里、海南自贸试验区覆盖全岛、浙江自贸试验区扩区后为239.45平方公里，其他18个自贸试验区面积均接近120平方公里，为探索制度创新拓展了空间。

开放定位更加多元。自贸试验区主动对标高标准国际经贸规则，开展先行先试。其承担的任务，涵盖服务和融入“一带一路”建设、京津冀协同发展、长江经济带发展、粤港澳大湾区建设、长三角一体化发展，以及西部大开发、东北全面振兴、中部地区崛起等战略。海南自由贸易港，担负着引领中国新时代对外开放的鲜明旗帜和重要开放门户的重任。

二　改革开放先行先试取得新成绩

自贸区港建设坚持以制度创新为核心，通过大胆试、大胆闯，推出了一批高水平制度创新成果，建成了一批世界领先的产业集群，为高质量发展作出重要贡献。自贸试验区相关方案设定改革试点任务共3300余项，前12个自贸试验区改革试点任务已基本实施，2019年设立的6个自贸试验区和上海自贸试验区临港新片区任务实施率超过90%，2020年新设的3个自贸试验区和浙江自贸试验区扩展区域正在积极推动任务实施。

（一）以负面清单管理为核心，实现投资管理体制的重大变革

投资更自由。外商投资由逐案审批改为备案管理、实行准入前国民待遇加负面清单管理模式，实现了改革开放40年来外资管理体制的历史性变革。这是自贸试验区最重大、最有成效的创新举措之一。经过6次主动缩减，自贸试验区外资准入负面清单由最初的190项压减到2020年版的30项，压减幅度超过80%。

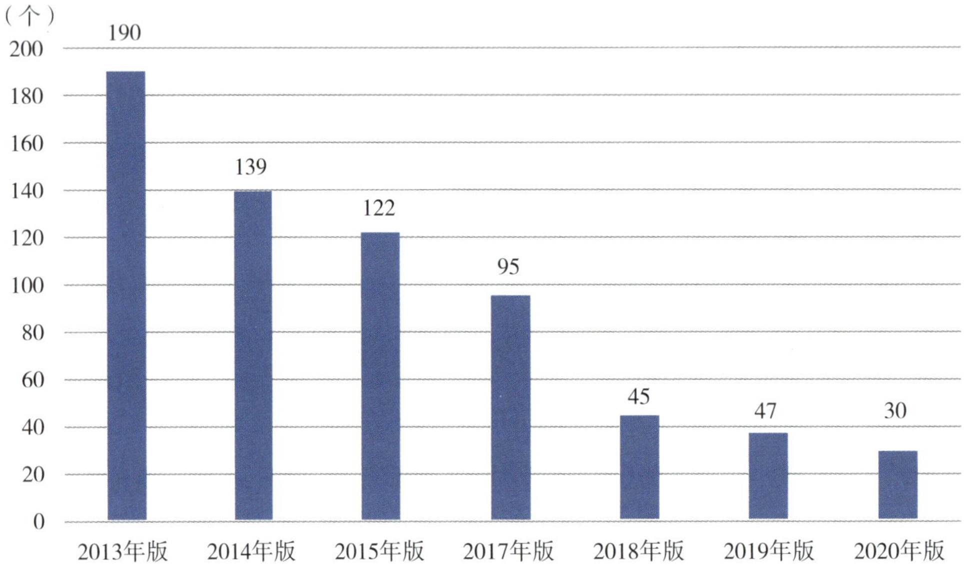

图9.1　2013年以来自贸试验区负面清单中特别管理措施数量

资料来源：中华人民共和国商务部网站，http://www.mofcom.gov.cn/。

专栏9-1　全国第一张外商投资准入负面清单

自贸试验区设立前，中国对外资实施逐案审批和产业指导目录相结合的管理方式。这种方式的优点是产业政策导向性强，但行政成本和营商成本较高。

2013年，上海自贸试验区推出中国第一张外资准入负面清单，外商投资改为备案管理、实行准入前国民待遇加负面清单管理模式。这种模式在世界上已有至少77个国家采用，体现了“法无禁止即可为”的原则。2020年，《中华人民共和国外商投资法》正式施行，对外商直接投资企业设立不再实行审批和备案管理，建立了外商投资信息报告制度，意味着中国投资环境更加开放、稳定、透明。

投资更便利。打破各部门信息孤岛，开展多证合一、一表申报、一口受理、一照一码、证照分离、一章审批、并联审批、承诺审批、提前代办等商事制度集成化改革试点，实现企业“最多跑一次”。湖北自贸试验区襄阳片区推行九证合一的“全通版”食品药品许可证，审批流程从原来5个环节压缩为“一次受理、一次验收、一证许可”。江苏自贸试验区实行建设项目“信用+承诺”审批新模式，重点项目30个工作日可拿到施工许可。云南自贸试验区开通“智慧政务”信息化平台，打造“办事不求人、审批不见面、最多跑一次”的服务新环境。

专栏9-2　全国第一次证照分离改革

“证照”是企业进入市场的两把“钥匙”。“照”，指工商部门颁发的营业执照；“证”，指各相关行业主管部门颁发的经营许可证。原先开办一家公司，需要先取得经营许可证，才能申办营业执照。

2015年12月，上海自贸试验区率先开展“证照分离”改革试点，实现了市场准入领域的“先照后证”，即只要到工商部门领取营业执照，就可从事一般性的生产经营活动，如从事需许可的生产经营活动，再到相关审批部门办理许可手续。证照分离，厘清了政府与市场关系，创新了政府管理方式，企业办证更加便捷高效。2019年，国务院发文在自贸试验区开展“证照分离”改革全覆盖试点。2021年，国务院发文在全国范围内推行“证照分离”改革全覆盖。

（二）以国际贸易“单一窗口”为突破，基本形成与国际通行规则接轨的贸易监管体系

打造国际贸易“单一窗口”。探索建设高标准的国际贸易“单一窗口”，涵盖货物申报、运输工具申报、跨境电商、物流信息等功能模块，联通海关、边检、海事、商务、港务等多个部门，并推广至全国。截至2020年7月，全国

"单一窗口"累计注册用户330多万家，日申报业务量达到1000万票，货物、舱单和运输工具这三项主要业务应用率都达到了百分之百。

专栏9-3　全国第一个国际贸易"单一窗口"

建设国际贸易"单一窗口"，是遵循国际通行规则、降低企业成本费用、提高贸易便利化水平的重要途径。

2014年，上海自贸试验区依托地方公共信息平台（电子口岸），率先启动国际贸易"单一窗口"建设。目前，国际贸易单一窗口已形成10大功能板块，53项地方应用，覆盖范围涵盖中央和地方的22个部门单位。企业实现申报数据项在船舶申报环节缩减65%，在货物申报环节缩减24%。设立后五年内累计为企业节省成本超过20亿元，已形成服务品牌，并复制推广到全国。

创新通关管理模式。加快口岸监管信息互换、监管互认、执法互助，推行关检"一次申报、一次查验、一次放行"，稳步实施"一线放开、二线安全高效管住"的货物监管模式。福建自贸试验区相关业务"一站式"办理，各类单证无纸化提交，进出口货物申报单证精简率超40%，申报时间从4小时减少至5—10分钟。辽宁自贸试验区开展铁矿石混矿、大型出口成品油等重点项目通关流程再造，"边卸边检""前置检验"。浙江自贸试验区全流程"无纸化"通关，取消44种、70余项约150页的纸质材料。广西自贸试验区施行口岸、保税、跨境电商多种业务在同一卡口自动放行，通关时间缩短80%以上，企业每年节约成本2亿元。

发展新型保税业务。探索保税加工、保税再制造、保税物流、保税服务等，形成"保税+"的多元化保税业态。重庆自贸试验区开展航材保税包修业务，陕西自贸试验区开展文化艺术品保税展览、展示和拍卖业务，四川自贸试验区开展飞机发动机保税维修业务，海南自贸试验区开展国际船舶保税油直供业务，河南自贸试验区在全国首创跨境电商保税进口"1210模式"。

（三）以自由贸易账户为代表，稳步推进金融领域开放创新

深化金融改革创新。陆续推出自由贸易账户、黄金国际板、跨境双向人民币资金池业务等开放举措。上海自贸试验区率先创设本外币一体化的自由贸易账户系统，探索建立资本项目可兑换、利率市场化、金融市场开放、人民币国际化等金融改革制度安排，提升了跨境资金结算便捷度，打通了境外融资渠道。目前，海南、天津、广东自贸试验区也相继获准上线运行自由贸易账户。

创新特色金融服务。制定具有地方特色的自贸金融服务方案，服务实体经济发展。天津自贸试验区推出融资租赁SPV公司共享母公司外债额度、融资租赁收取外币租金、金融综合监管试点等举措。重庆、四川、河南等自贸试验区结合中欧班列业务需要，创新铁路运单金融化，提出的解决铁路运单物权凭证属性议题，被联合国贸易法委员会纳入工作法案。

有效防控金融风险。完善跨行业、跨市场金融风险监测评估机制，未出现跨境资金重大异常流动，推动金融动态开放和风险防范有机统一。上海建立金融法院，截至2020年年底累计受理案件1.6万件，涉案标的总金额3683亿元。浙江创建自贸试验区信息交叉核验平台，累计阻止46起冒名开户事件，预警142个电信诈骗、地下钱庄等可疑交易，大幅提升反洗钱识别的有效性。

专栏9-4　全国第一张风险防控清单

福建自贸试验区针对推进体制机制创新、放宽行业准入可能出现的监管风险，在全国率先制订自贸试验区风险防控清单，包括55个监管风险点、88条防控措施。清单涵盖多个部门职能，具有系统性、整体性特点，确保了每个试验项目都有配套的具体政策文件、每项政策都有相应的监管措施，构建了与国际高标准投资贸易规则相适应的事中、事后监管体系。

（四）以"放管服"改革为抓手，初步建立现代化政府治理体系

加大简政放权力度。全面下放管理权限，减少审批层级，提高审批效率。

各地累计向自贸试验区下放省级管理权限近4000项，基本实现企业办事和民生服务“不出区”。广东自贸试验区设立以来，先后三批承接省级管理权限134项，取得良好效果。河北自贸试验区曹妃甸片区以告知承诺方式为某公司办理《港口经营许可证》，使该公司比原计划提前3个月投入运营。

加强事中、事后监管。探索由事前审批向事中事后监管转变，打造以信用管理为核心的监管体系，达到“守法经营一路绿灯、一处违法处处受限”的效果。河南自贸试验区启动全国首家企业登记身份管理实名验证系统，实现“线上线下实名验证全覆盖”，彻底杜绝虚假注册、冒用身份信息登记等不法行为。山东自贸试验区烟台片区将失信信息嵌入行政审批系统，覆盖21个行业领域，形成自动比对、自动拦截、自动监督的信用惩戒机制。

提升政府服务效能。法律服务方面，设立知识产权保护中心、知识产权法庭，成立自贸试验区国际仲裁中心、片区国际商事仲裁院或巡回法庭，建立公共法律服务平台。出入境服务方面，2019年，12条便利政策推广至全国，涵盖为外籍人才办理签证、长期居留许可和永久居留申请等。黑龙江自贸试验区黑河片区制定出境自驾游一站式查验等21项通关便利举措。

（五）以服务重大战略为根本，不断拓展开放合作水平

服务重大区域发展战略。立足自身发展条件，对接国家重大战略，为经济高质量发展注入动力。上海自贸试验区临港新片区对接长三角一体化发展战略，支持优势产业向长三角地区拓展形成产业集群。广东自贸试验区勇当粤港澳大湾区建设“排头兵”，在口岸通关合作模式创新、青年就业、法律服务合作等方面积极探索。

服务“一带一路”建设。发挥区位优势，主动服务“一带一路”建设和对外交往。重庆自贸试验区着力促进中欧班列（重庆）和西部陆海新通道铁海联运专列发展，主要货源地已延伸至上海、江苏等沿海省市。陕西自贸试验区为企业搭建“通丝路”平台，创设“互联网+跨境人民币+精准扶贫”模式。

专栏9-5　建设海南自由贸易港

自由贸易港是当今世界最高水平的开放形态。世界上公认的自由贸易港有130多个，还有2000多个与自由贸易港的内涵和功能相似的自由贸易区。

2018年4月，习近平主席在庆祝海南建省办经济特区30周年大会上的重要讲话中，明确提出支持海南逐步探索、稳步推进中国特色自由贸易港建设。2020年6月，中共中央、国务院发布《海南自由贸易港建设总体方案》。海南自由贸易港的实施范围为海南岛全岛，到2025年将初步建立以贸易自由便利和投资自由便利为重点的自由贸易港政策制度体系，到2035年成为我国开放型经济新高地，到21世纪中叶全面建成具有较强国际影响力的高水平自由贸易港。

八年来，自贸区港已成为新产业、新业态、新模式不断汇集的“聚宝盆”，推动了经济高质量发展。2020年，前18家自贸试验区共新设企业39.3万家，实际使用外资1763.8亿元，实现进出口总额4.6万亿元，以不到全国4‰的国土面积，实现了占全国17.6%的外商投资和14.7%的进出口。各个自贸试验区持续加大了探索力度，累计向全国复制推广了278项制度创新成果，形成了改革红利共享、开放成效普惠的良好局面。

三　自贸区港的未来发展展望

“长风破浪会有时，直挂云帆济沧海”。未来，自贸区港将全面贯彻习近平总书记“大胆试、大胆闯、自主改”的重要指示，继续坚持全球视野、国际标准、中国特色，不断丰富发展内涵，拓展发展空间，以更大力度谋划和推进自贸试验区高质量发展，打造开放层次更高、营商环境更优、辐射带动作用更强的改革开放新高地，努力建成具有国际影响力和竞争力的自由贸易园区，发挥好改革开放排头兵的示范引领作用。

（一）拓展开放广度深度

商品和要素流动型开放方面，在自贸试验区进一步压减负面清单，在自贸港实施市场准入承诺即入制，实行以“零关税”为基本特征货物贸易和以“既准入又准营”为基本特征的服务贸易自由化便利化制度安排，推动人流、物流、资金流、信息流有序自由流动。**制度型开放方面**，充分利用国际、国内两个市场、两种资源，对标国际高标准经贸规则，加强改革创新系统集成，统筹开放和安全，推进规则、规制、管理、标准等制度型开放，构建与国际高标准经贸规则相衔接的制度体系和监管模式，为参与和引领国际规则制订重构奠定坚实基础。

（二）完善开放保障机制

建立改革赋权机制，赋予自贸试验区港更大的改革自主权，推动自上而下的改革授权与自下而上的制度创新有机结合。**探索激励容错机制**，激发自贸试验区港制度创新主动性和积极性，推动形成更多首创性、特色性的成果。**构建开放安全机制**，加强事前预警和事中、事后监管，完善与负面清单管理模式相适应的外资安全审查机制，把握开放力度、速度和可承受度，防范区域性、系统性重大风险。

（三）释放开放发展红利

坚持开放实践全方位多领域，在自贸区港率先推动服务业领域对各类市场主体平等有序开放，加大压力测试，在更宽领域、更高层次、更大力度探索符合我国实际的开放路径。**坚持开放成果可复制、可推广**，用“育苗圃”的标准实施制度创新，通过差异化探索，形成多层次、宽领域、高质量的制度创新成果，服务国家战略，形成区内试验和区外复制推广的良性互动局面。**坚持开放动能可持续、可发展**，推动跨区域、跨层级、跨部门的重大制度创新，促使政府市场各归其位，营造公开、透明、可预期的国际一流营商环境，为全球贸易投资合作和包容性增长注入更大动力。

第十章

中国参与多边和区域经贸合作的实践

中国坚定推进全球开放合作，以积极姿态融入经济全球化进程，参与联合国、世界贸易组织（以下简称“世贸组织”）、二十国集团（G20）、亚太经合组织（APEC）、金砖国家等机制，加快自由贸易区建设步伐，推进区域经济一体化，支持和促进全球贸易投资自由化、便利化，为完善全球经济治理体系、建设开放型世界经济和构建人类命运共同体贡献力量。

一　坚定维护多边贸易体制

2021年是中国加入世界贸易组织20周年。20年来，中国坚定遵守和维护世贸组织规则，支持以规则为基础的、开放、透明、包容、非歧视的多边贸易体制，全面参与世贸组织工作，为完善全球经济治理发出中国声音，是多边贸易体制的参与者、维护者、受益者和贡献者。

（一）全面履行加入世贸组织承诺

中国不断完善社会主义市场经济体制，切实履行货物贸易和服务贸易等领域开放承诺，开放九大类服务部门的100个分部门，强化知识产权保护，对外开放政策的稳定性、透明度、可预见性显著提高，为多边贸易体制有效运转作出积极贡献。中国履行承诺得到各方肯定，世贸组织前总干事帕斯卡尔·拉米曾给出“A+”的高分；中国还按规定接受世贸组织的贸易政策审议，大多数成员认为，中国履约、合规、开放的良好形象树立了榜样。

（二）推动多边贸易体制发挥作用

积极推进贸易投资自由化、便利化，全面参与多哈回合各项议题谈判，为达成《贸易便利化协定》和《信息技术协定》扩围协议作出重要贡献，并切实履行相关协议承诺。深度参与贸易政策审议，认真接受成员的贸易政策监督，敦促其他成员遵守多边贸易协定。全力支持发展中国家融入多边贸易体制，对与中国建交的最不发达国家97%税目产品实施零关税，设立专门项目帮助这些国家加入世贸组织。

（三）支持世贸组织必要改革

中国支持并推动解决世贸组织面临的生存危机，增强其权威性和有效性，让世贸组织在扩大开放、促进发展方面发挥更大作用。

阐明总体立场。2018年11月，中国发布《中国关于世贸组织改革的立场文件》，提出了“三项原则、五点主张”，强调要维护世贸组织在推动全球贸易投资自由化、便利化中的主渠道作用，维护非歧视、开放等多边贸易体制的核心价值，为国际贸易创造稳定和可预见的竞争环境。保障发展中成员的发展利益，纠正世贸组织规则中的“发展赤字”，解决发展中成员在融入经济全球化方面的困难，帮助实现联合国2030年可持续发展目标。

提出具体建议。2019年5月，中国向世贸组织提交《中国关于世贸组织改革的建议文件》，就四个重点行动领域和12个具体议题提出改革思路。中国认为，世贸组织改革的行动领域主要包括：一是解决危及世贸组织生存的关键和紧迫性问题，如打破上诉机构成员遴选僵局等；二是增加世贸组织在全球经济治理中的相关性，如推进电子商务、投资便利化等议题谈判和讨论等；三是提高世贸组织的运行效率，如加强成员通报义务履行等；四是增强多边贸易体制的包容性，如尊重发展中成员享受特殊与差别待遇的权利等。

加强与其他成员沟通合作。2018年7月，中欧同意建立世贸组织改革副部级联合工作组。双方先后3次举行联合工作组会议，就改革议题交换意见。2019年11月，中国在上海主办世贸组织小型部长会议，欧盟、俄罗斯、印度等33个成员部长或部长代表，就世贸组织第12届部长级会议成果设计、世贸组织改革等问题交换意见，推动包括与会成员在内的92个成员发表《投资便利化部长联合声明》。

积极参与有关谈判工作。中方与部分发展中成员共同成立“投资便利化之友”，在世贸组织启动投资便利化、结构化讨论和谈判。积极落实世贸组织第11届部长级会议达成的决定，就渔业补贴议题谈判提出多份中国提案。与美国、欧盟等80多个成员共同参加与贸易有关的电子商务议题谈判，与欧盟等60多个成员联署推动服务国内规制议题谈判的联合声明，与欧盟等100多个成员推进投资便利化议题谈判，与欧盟等40多个成员建立了“多方上诉临时仲裁安排”。

二　加快自由贸易区建设

2002年，《中国—东盟全面经济合作框架协议》签署，开启了中国自贸区建设进程。2007年，中国首次提出“实施自由贸易区战略”。经过十几年努力，中国自贸区建设快速发展，自贸伙伴不断增加，协定内容日益充实，初步构筑起立足周边、辐射“一带一路”、面向全球的高标准自贸区网络，为推动全球开放发展作出积极贡献。

（一）自贸区建设取得积极进展

自贸“朋友圈”越来越大。近年来，中国自贸区建设步伐加快，相继与冰岛、瑞士、韩国、澳大利亚、格鲁吉亚、马尔代夫、毛里求斯、柬埔寨等达成自贸协定。其中，中冰、中瑞自贸协定实现了与欧洲国家商建自贸区的重大突破；中韩、中澳自贸协定是与世界主要经济体达成的重要自贸协定；中格、中毛自贸协定分别是与亚欧、非洲地区国家达成的首个自贸协定。2020年11月，《区域全面经济伙伴关系协定》（RCEP）正式签署，标志着中国参与的世界上人口最多、经贸规模最大、最具发展潜力的自由贸易区正式启航。截至2020年年底，中国已与26个国家和地区签署了19个自贸协定，自贸伙伴遍及亚洲、非洲、南美洲、大洋洲和欧洲。

自由化水平不断提高。在货物贸易领域，通过商签自贸协定，中国与自贸伙伴的货物关税水平大幅降低，零关税产品税目占比以及零关税产品进口额占比基本达到90%以上，实现了货物贸易领域开放的新高度。在服务贸易领域，中国在履行加入世贸组织承诺基础上，自贸协定项下服务业多开放了近20个部门，原有承诺部门的开放水平进一步提升。

专栏10-1　中国通过自贸协定提高货物贸易开放水平

一是货物贸易自由化水平取得新突破。2017年，中国—智利自贸区升级谈判完成，货物贸易自由化水平高达97.5%。

二是实现较敏感产品的适度开放。如中国—瑞士自贸协定将部分机床纳入关税减免，中国—澳大利亚自贸协定对奶制品实行开放，在中国—韩国自贸协定中对部分化工产品、液晶显示屏减免关税。

三是提升货物贸易便利化水平。中瑞和中澳自贸协定首次纳入了原产地证书自主声明，企业通过提交发票等材料可以直接适用自贸区优惠税率。

专栏10-2　中国通过自贸协定实现服务贸易开放新进展

中国对自贸伙伴在银行、保险、增值电信、旅游、交通运输、医疗、管理咨询等服务部门进行更高水平开放。在中国—新加坡自贸协定中，推动新方首次向在新中资银行发放全面特许银行牌照。在中国—瑞士、中国—新西兰、中国—马尔代夫自贸协定中，推动相关国家就中医从业人员入境、中医纳入医疗保险等作出开放承诺。

谈判议题日益扩展。结合实际，在自贸区规则议题谈判方面进行探索和尝试，逐步拓展到竞争、电子商务、环境等议题。全方位、多角度推进规则谈判和规制合作，以更灵活的信息交换、标准资格互认、技术合作等，促进双方监管体系、程序、方法和标准方面适度融合。对于较早签署的自贸协定，通过签署补充协议或自贸协定升级的方式，使之更加顺应经贸发展的实际需要。

专栏10-3　中国通过自贸协定实现规则谈判新拓展

2013年签署的中国—冰岛自贸协定首次设立竞争章节；中国—瑞士自贸协定首次设立环境章节；2015年签署的中国—韩国、中国—澳大利亚自贸协定首次设立电子商务章节。

从正在推进的自贸谈判看，规则议题已成为重要内容之一。中日韩、中国—海合会、中国—以色列、中国—挪威等自贸协定谈判均涉及规则议题。在中日韩自贸协定、中韩自贸协定第二阶段谈判中，以统一的负面清单开展服务贸易和投资谈判，在谈判模式上实现了与国际高标准的“接轨”。

（二）自贸区实施成效良好

促进双边贸易扩大。2020年，中国与自贸伙伴进出口额（不含港澳台地区）增长3.2%，比全球进出口增速高1.3个百分点，占中国对外贸易总额的约35%。自贸协定的签署进一步释放了双边贸易的潜力，以中国—东盟自贸区为例，2020年双方货物贸易额为6846亿美元，比2010年自贸区全面建成时翻了一番多，年均增长9%。

专栏10-4　中国与自贸伙伴分享发展机遇和成果

韩国对外经济政策研究院（KIEP）研究显示，中韩自贸协定生效一周年来，中韩贸易商品多样性改善，韩国对中国出口商品种类增加26种，农、畜、水产品对华出口额增长7.8%。

据新西兰统计，自2008年中新自贸协定实施以来，新西兰乳、蛋、蜂蜜及其他食用动物产品对中国出口仅用5年时间就增长10倍。2018年新西兰对中国出口增长12.2%，占其出口总额的24.2%，新方贸易顺差达9.9亿美元。

增加消费者福利。自贸协定通过削减关税壁垒，降低了各国优势产品的市场价格，丰富了消费者选择。例如，得益于中国—东盟自贸区，来自东盟的热带水果进入中国市场，价格也越来越实惠，来自中国北方的特色水果，也能很快摆上东盟消费者的餐桌。中智、中韩、中澳自贸协定实施后，来自智利的车厘子，韩国的日用化工品、家用电器，澳大利亚的乳制品、葡萄酒等，都分享了中国市场的机遇。

专栏10-5　中国—东盟自贸区建设丰富了消费者选择

东盟国家的榴梿、火龙果、杧果等热带水果通过广西口岸，迅速进入中国超市。中国北方的苹果、梨、哈密瓜、葡萄通过广西口岸也能很快进入东盟消费者的餐桌。中国是世界上最大的苹果生产国，年产量3000万吨，近年来通过广西凭祥口岸大量出口东盟市场。陕西咸阳距离凭祥2600公里，走高速公路约需30个小时，是销往东盟最便捷的陆路通道。东盟已成为陕西苹果销售的最大市场。

成为全球开放合作重要平台。中国将自贸区建设作为积极参与国际经贸合作和全球经济治理的重要平台。不断提升自贸区建设内涵，兼顾灵活性与务实性，创新合作模式，得到自贸伙伴的认同和支持，提出的开放包容、平衡互惠等合作理念得到越来越多国家认同。

三　积极参与各类经济治理机制

中国秉持共商、共建、共享的全球治理观，是多边主义的坚定维护者、支持者和践行者，通过联合国、G20、APEC、金砖国家等多边和区域合作平台，建设性与各方开展政策协调与务实合作，推动全球经济治理体系更加完善。

（一）积极通过联合国平台推动改善经济治理

坚定维护以联合国为核心，以《联合国宪章》宗旨和原则为基础的国际秩序和国际体系，推动联合国重要会议、决议、文件等纳入共商、共建、共享的全球治理观，支持广大发展中国家在全球经济治理中提高代表性和发言权，促进完善全球经济治理机制。**深入开展与贸发会议、国际贸易中心等的合作。**从早期的人员培训、技术咨询，拓展到联合研究、政策分析、协办会议、助力其他发展中国家开展能力建设等，积极支持和促进全球携手应对经贸领域的挑战和难点。**提升与联合国工业发展组织互利合作。**2013年以来，中国与工发组织合作进入新阶段。双方加强交流协作，提升合作水平，积极向其他发展中国家分享中国工业化发展经验和实践，促进包容与可持续的工业发展。拓展与联合国发展机构合作。与联合国开发计划署、儿童基金会、人口基金等加强三方合作，为帮助其他发展中国家更好实现持久、包容、可持续的经济增长贡献中国方案和中国智慧。

（二）推动提升G20、APEC等多边治理机制功能

中国一贯高度重视并积极参与G20合作。党的十八大以来，习近平主席出席了历届G20领导人峰会，就完善全球经济治理发表一系列重要讲话，彰显了中国智慧，展现了负责任大国的胸怀和担当，在G20舞台上留下了浓墨重彩的中国印记。特别是，2016年，G20领导人杭州峰会成功举行，首创贸易投资常设机制，达成全球首份投资政策多边纲领性文件《G20全球投资指导原则》，批准了《G20全球贸易增长战略》等多项重大成果倡议，有效推动了G20从危机应对向长效治理机制的转型。**推动亚太经合组织合作取得新进展。**自1991年加入APEC以来，中国积极推进区域经济一体化，两次成功主办APEC领导人会议。2014年，推动APEC第22次领导人北京非正式会议通过《APEC推动实现亚太自贸区北京路线图》，绘制《APEC互联互通蓝图》，提出建立亚太示范

电子口岸网络等系列务实倡议。2019年，提出“构建开放包容、创新增长、互联互通、合作共赢的亚太命运共同体”，为深化亚太地区经贸合作往来拓展了新局面。

专栏10-6 中国积极参与G20、APEC等机制合作

2016年G20杭州峰会上，中国推动首创贸易投资常设机制，达成了《G20全球投资指导原则》《G20全球贸易增长战略》等重大成果倡议。峰会还首次将发展置于全球宏观政策框架的突出位置，批准了《G20落实联合国2030年可持续发展议程行动计划》和《G20支持非洲和最不发达国家工业化倡议》，为全球经济实现强劲、可持续、平衡和包容增长注入了新动力。2020年，面对疫情影响，在G20特别峰会上，提出加强抗疫国际合作的中国主张，得到各方积极响应。

在2014年APEC北京峰会上，推动制订《APEC促进全球价值链发展合作战略蓝图》，形成世界首份全球价值链纲领性文件，确立了贸易增加值统计、发展中经济体融入全球价值链、中小企业发展等十大支柱领域。

（三）加强金砖国家合作机制、上合组织等区域治理机制建设

中国积极推进区域经济合作，持续深化同金砖国家、亚非拉等广大发展中国家合作与战略对接。**促进金砖国家合作机制行稳致远。**作为金砖国家合作机制创始成员，中国积极倡导各方加强宏观政策协调，增进战略互信，推进经贸合作机制化、系统化、实心化。2017年金砖国家领导人厦门会晤，通过了“厦门宣言”，重申开放包容、合作共赢的金砖精神。2018年金砖国家领导人会晤十年之际，中国倡导建设新工业革命伙伴关系，提升发展中国家竞争力。**深化上合组织区域经济合作。**本着“互信、互利、平等、协商、尊重多样文明、谋求共同发展”的“上海精神”，中国与成员国一道，加大开放合作，促进优势互补、互利共赢。2018年，举办青岛峰会，审议通过“青岛宣言”等23份合作文

件，深化经贸、金融、农业、互联互通、人文等全方位合作。

（四）发挥在世界银行、IMF等机构中的积极作用

中国提出加快世界银行、IMF份额和投票权改革主张，提升发展中国家的代表性和发言权。推动IMF通过改革方案，发展中国家世界银行整体投票权提高到47.2%，促进全球治理体系更加公平公正、合理有序。同时，积极促进国际金融治理效率提升，推动设立亚洲基础设施投资银行、金砖国家开发银行等新型国际金融机构，不断完善全球经济治理架构。

四　推动完善全球经济治理体系

中国将坚持共商、共建、共享原则，建设性参与全球经济治理，积极引导全球经济议程，坚定支持多边贸易体制，积极参与世贸组织改革，促进贸易投资自由化、便利化，为完善全球经济治理作出更大贡献。

（一）增强世贸组织权威性和有效性

中国愿同广大世贸成员一道，坦诚交换意见，共同采取行动，推动世贸组织必要改革。加强与各方的沟通合作，在继续发挥多方临时上诉仲裁安排作用的同时，力争早日恢复上诉机构运行，维护两级审理的争端解决机制。保障发展中成员的发展利益，赋予发展中成员实现其经济发展所需要的灵活性和政策空间，缩小南北差距。积极参与世贸组织谈判磋商，按照联合国可持续发展目标要求完成渔业补贴等议题谈判，建设性参与投资便利化、数字经济等规则制定，促进相关新议题谈判取得实质成果，实现世贸组织规则体系的与时俱进。

（二）推进高水平自贸网络建设

坚持开放的区域主义。完善自贸区建设全球布局，推动RCEP早日生效，加快中日韩、中国—海合会等自贸区谈判。提高货物贸易开放水平，改善双向市

场准入，继续扩大服务业对外开放。不断丰富自贸区内涵，推进电子商务等新议题谈判，适当纳入产业合作、发展合作、全球价值链等议题。

（三）更好发挥多边经济治理平台作用

坚持平等协商、互利共赢，推动G20发挥国际经济合作功能，增强贸易投资在G20合作中的支柱作用，营造自由、开放、包容、有序的国际经济环境。深度参与APEC合作，推动区域货物贸易、服务贸易、投资朝更加开放的方向发展。提升金砖国家等机制合作有效性，推动贸易投资便利化、知识产权、电子商务等合作取得新成效。加强国际宏观经济政策协调，减轻新冠肺炎疫情影响，促进世界经济稳定。

（四）推进开放合作、开放创新、开放共享

以开放求发展，深化在政治、经济、文化、社会、生态等领域交流合作。坚决反对保护主义，不断削减贸易壁垒。加强数字经济、人工智能等领域创新合作，推动科技与经济深度融合。落实《2030年可持续发展议程》，让发展成果惠及更多国家和地区。加强沟通协商，扩大开放共识，让世界经济更加开放包容。

第十一章

中国国际进口博览会成为开放合作的国际公共产品

中国一直探索创新开放方式，中国国际进口博览会（以下简称“进博会”）就是一个重要创举。2018年以来，进博会已经成功举办三届，举世瞩目、成果丰硕，为世界各国开拓中国市场搭建了开放合作平台，为实施扩大内需战略、构建新发展格局提供了重要窗口，为维护自由贸易和多边贸易体制提供了国际公共产品，为建设开放型世界经济和共建人类命运共同体贡献了中国力量，具有非凡的时代价值。

一 进博会是新时代扩大开放的创举

举办进博会，是中国着眼于推动新一轮高水平对外开放作出的重大决策，是中国主动向世界开放市场的重大举措。

（一）传承中国开放思想

民族复兴之路必然是开放之路。经历过开放包容的盛唐辉煌，也经历过闭关锁国的落后苦难，中国更加懂得“开放出盛世，封闭致衰落”。1957年，中国创办中国进出口商品交易会（广交会），打开了通向世界的窗口，成为中国对外开放的生动缩影。进入新时代，中国与世界的互动更为全面、更为深刻，面对逆全球化和保护主义抬头，习近平主席宣布从2018年起举办进博会，主动向世界开放中国大市场，展现了负责任大国的担当。这与60多年前创办广交会、20年前加入世界贸易组织一样，是我国对外开放的里程碑事件，也是国际贸易发展史上的一大创举，让中国人不出国门，就能**“从中国看世界，从世界看中国”**。中国通过开放看到了差异，增强了自信；也看到了差距，明确了努力方向。**中国的开放，越开越大，越开越好，越开越自信**。

表11.1 中国外贸情况对比

	1957年	2001年	2018年	2020年
国内生产总值（亿元）	1071	110863	919281	1015986
人均国内生产总值（元）	168	8717	65534	72000
出口总额（亿美元）	16	2661	24867	25906
进口总额（亿美元）	15	2436	21357	20556
进出口总额（亿美元）	31	5097	46224	46462
贸易占GDP比重（%）	9.8	38.1	33.2	31.6

资料来源：中国国家统计局。

（二）推动发展自由贸易

创新国际自由贸易理论。从重商主义理论到新型国际贸易理论，从来就不乏鼓励出口、限制进口、发展本国经济的理论。进博会是世界上第一个以进口为主题的国家级展会，是由**中国主办、各国参与、世界共享的“买全球、卖全球、惠全球”的开放型平台**，是国际自由贸易发展理念的重大创新，在世界贸易史上独树一帜。中国主动扩大进口，不是权宜之计，而是面向世界、面向未来、促进共同发展的长远考量。特别是当前，经济全球化来到十字路口，中国主动开放显得尤为珍贵，这是超越重商主义、进口出口并重、推动自由贸易的理论创新，是促进增长联动、实现共同发展、建设开放型世界经济的中国方案。

激活自由贸易新动能。2020年，中国进口总额为20556亿美元，预计未来10年，中国累计商品进口额有望超过22万亿美元，拥有14亿人口、4亿多中等收入群体的中国市场是国际贸易重要引擎。中国主动扩大进口，以自身开放带动世界开放，将有力提升全球贸易自由化水平，为世界开放发展创造新需求、注入新动力。

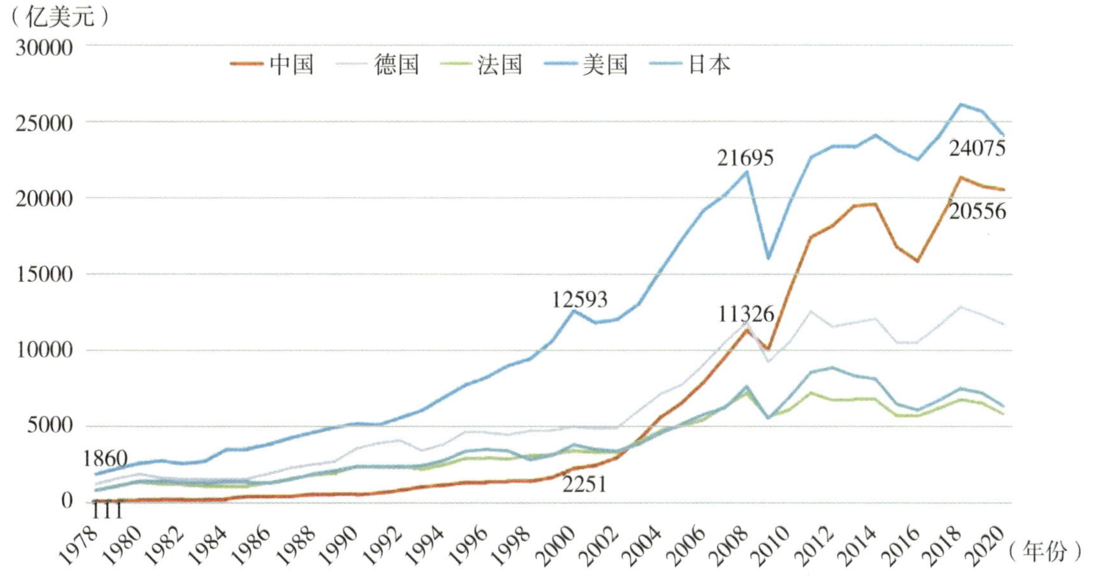

图11.1　1978年以来主要国家进口情况对比

资料来源：世界贸易组织。

（三）推动中国开放发展

满足人民美好生活需要。中国中等收入群体不断扩大，消费结构加快升级，多样化消费需求日益增长。近十年来，境外消费每年两位数增长，2020年，全年消费品进口额同比增长8.2%，比整体进口增速高8.6个百分点。海南免税店销售额增长1.27倍，部分中高端品牌销售额增长30%以上。举办进博会，合理扩大高品质商品和服务进口，有利于丰富国内消费选择、优化消费结构、推动消费升级，满足人民群众个性化、多元化、差异化消费需求，更好体现以人民为中心的发展思想。

探索中国对外开放新路径。对内适应经济高质量发展要求，为深化供给侧结构性改革，推动形成开放融合的大市场、大贸易、大流通注入动力；对外成为中国更高水平开放新平台，习近平主席连续三年在进博会开幕式上宣布中国扩大开放举措，表明中国以更自信的心态、更积极的姿态向全球扩大市场，在更大范围、更宽领域、更深层次上发展开放型经济。

增强统筹国内、国际两个大局能力。贸易强国必然是进口大国。中国贸易要实现由大到强、高质量发展，坚持进口与出口并重、国内国际市场融合是应有之义。进博会既重视发达国家等传统市场，也重视发展中国家等新兴市场，增强了国内大市场的辐射能力，拉紧了同各国的利益纽带。进博会已成为中国开放“风向标”，彰显出从“要我开放”转向“我要开放”、从“自己开放”转向“共同开放”、从“要素开放”转向“制度开放”、从开放“有没有”转向开放“好不好”。

（四）推动世界开放发展

建设开放型世界经济的重大行动。近年来全球经济增长动力不足，“逆全球化”思潮涌动，贸易投资保护加剧，多边贸易体制遭遇挑战。进博会充分体现了中国支持多边贸易体制、发展自由贸易的一贯立场，明确释放了反对保护主义、建设和维护开放型世界经济的积极信号。

推动构建人类命运共同体的实际行动。进博会为国际合作提供了新的综合性公共平台，欢迎其他国家搭乘中国发展的“快车”“便车”。“一带一路”沿线国家参加进博会，推动了共建“一带一路”走深走实。大家共商共议，共谋发展，共解难题，有利于引领经济全球化更加开放包容、均衡普惠。进博会交易的是商品和服务，交流的是文化和理念，既展示了中华文明“立己达人”“怀柔远人”“协和万邦”的优秀理念，也展示了其他文明的独特魅力。进博会促进了经济与人文的良性互动，诠释了“人类优先”和人类命运共同体的深刻内涵，打出了一张亮丽的“文明牌”。

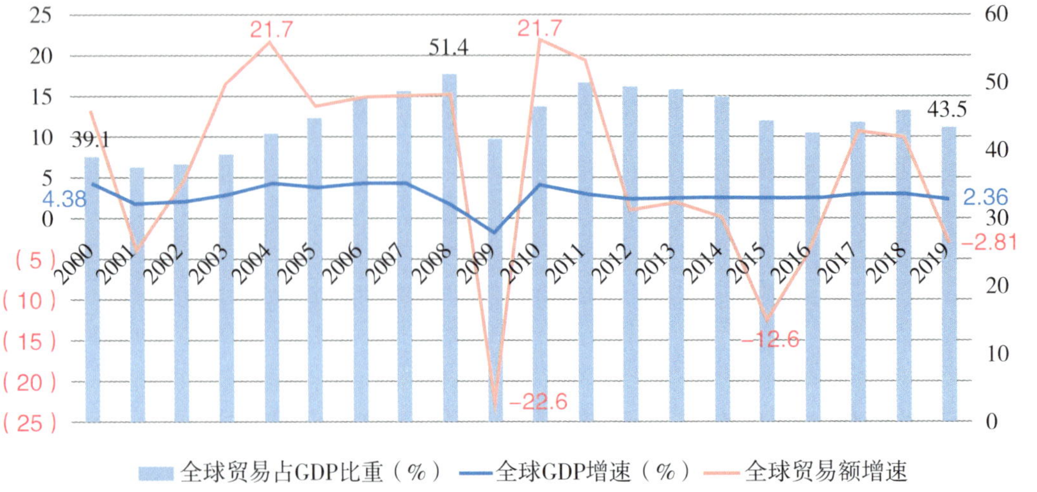

图11.2　2000年以来全球GDP及贸易额增速对比（%）

资料来源：世界贸易组织、世界银行。

二　进博会是全球共享的综合开放平台

进博会坚持展览、论坛、外交、人文“四合一”，国际公共产品属性不断增强，国际采购、投资促进、人文交流、开放合作“四个平台”的综合外溢效应不断显现。

（一）“国际采购平台”推动对外贸易

进博会“买全球、卖全球”，为全球企业拓宽了进入中国市场、开展国际合作的渠道，办成了国际一流展会。

展会规模持续扩大。首届进博会共有151个国家和地区参加企业商业展，参展企业达到3617家。第二届进博会共有155个国家和地区的3893家企业参展；采购商数量大幅超过首届，组建了39个交易团、近600个交易分团，专业观众50.6万人；累计意向成交711.3亿美元，比首届增长23%。第三届进博会在疫情全球蔓延形势下，仍有来自124个国家和地区的企业踊跃参展，参展商人数与第二届基本持平，采购商近40万名；意向成交额达726.2亿美元，增长2.1%；展览面积近36万平方米，比第二届扩大3万平方米。第三届进博会是2020年全球规模最大、国别最多、线上线下结合的展会，充分体现了国际采购交易平台的强大影响力。

专栏11-1　“中国首发、全球首展”精彩纷呈

第三届进博会成为全球创新产品主要展示平台。首发新产品、新技术、新服务411项，其中全球首发73项，“行业领军”企业踊跃参展。

最“干”的造纸机——爱普生，采用全球首创的干纤维技术，无须用水即可将废纸再生为环保新纸，同时确保涉密信息彻底销毁。

最智慧的“建筑大脑”——江森自控Open Blue数字化平台，集合定制化、嵌入式人工智能技术，整合建筑的内外部数据，打造最高端智慧楼宇。

最先进的自动驾驶系统——小马智行第五代L4级别自动驾驶软硬件系统，实现标准化生产和验证过程，为未来规模化生产奠定基础。

中国首发、全球首展，说明中国市场竞争很激烈，想在中国市场占有一席之地，需要拿出核心竞争力。

参展质量持续提升。进博会吸引了一大批全球知名企业，展示了丰富的新产品、新技术、新服务。首届进博会就有220家世界500强和行业龙头企业、一大批“隐形冠军”和“小而美”的中小企业踊跃参展。第二届进博会上，参展的世界500强和龙头企业达到288家，全球或中国大陆首发新技术、新服务、新产品超过400项。第三届进博会共有274家世界500强和行业龙头企业参展；全球前十大医药企业、工业电气企业，前六大工程机械企业，前七大整车集团，四大会计师事务所悉数参展；展览新产品、新技术、新服务达到411项。

（二）“投资促进平台”带动对华投资

进博会展示了中国市场的巨大魅力，增强了对跨国投资的吸引力，在促进贸易往来的同时带动了投资合作，贸易投资互动效应更加明显。

成为各地招商引资的新平台。中国各地利用进博会平台，开展了大量招商引资、项目推介活动。如第二届进博会上，浙江中欧数字经济和高新技术对接会上有33个项目签约，上海召开城市推介大会，与瑞典阿特拉斯、比利时然颂集团等一批企业达成合作协议，山东联通与爱立信、海克斯康，海南博鳌乐城与美国辉瑞公司等企业都成功签约。第三届进博会的大型贸易投资对接会共促成合作意向861项。

专栏11-2　进博会上签约的部分投资合作项目

匈牙利750MW光伏项目

中国电建国际公司与土耳其波拉特集团就匈牙利750MW光伏项目签署

合作备忘录。作为中国电建在匈牙利国别市场的首个项目，该企业相关人士表示，未来将充分利用中国电建整合国内外资金、技术和人力资源的优势，与项目业主强强合作，确保项目取得成功。

加纳可可农业综合设施项目

可可农业综合设施项目框架协议是中国和加纳两国在农业领域开展的最大规模单项合作，内容包括可行性研究、规划设计、农田灌溉、仓储、加工、配套设施的建设、产品销售及相关技术合作等综合性服务，有助于推进中加两国在农产品领域长期合作。

中伊能源合作项目

振华石油和伊拉克国家石油销售公司签署合资合作协议，振华石油与天津经济技术开发区管理委员会签署战略合作框架协议。根据协议，振华石油公司与伊拉克国家石油销售公司共同出资在天津自贸试验区成立合资公司，并将其打造成集原油、成品油、天然气的贸易、仓储、运输等产业投资于一体的伊拉克巴士拉原油在华贸易平台。项目落地后，预计年进口伊拉克石油800万吨，年贸易额260亿美元。

成为全球企业布局中国的新窗口。众多国际机构和跨国公司表示，进博会为外资进入中国、投资项目对接合作提供了机遇。比如，海克斯康将投资20亿元在上海青浦区建设华东区总部，花王（上海）化工有限公司追加投资4.3亿元人民币开展二期建设，乐高投资5.5亿美元在上海建设主题乐园度假区，阿斯利康宣布将上海的研发平台升级为全球研发中心，意大利直升机在浙江平湖投资128亿元人民币，实现“首届后投资、第二届生产、第三届交付”。

（三）“人文交流平台”增进文明互鉴

进博会不仅是商品交易的国际展台，更是文化交融的世界平台、文明互鉴的多彩舞台，人文交流内涵十分丰富。

国家展呈现多元文明画卷。国家展是进博会一大亮点，成为有关国家发展成就展示、经济合作、旅游推介和文化交流的重要平台。首届共有82个国家、3个国际组织参加。第二届共有64个国家、3个国际组织参展，其中亚洲国家24个，非洲8个，欧洲17个，美洲12个，大洋洲3个。第三届进博会上，俄罗斯等6个国家举行了线上国家主题推介，意大利还以视频方式展示了55个世界遗产项目，尼泊尔展示了唐卡作品。国家展包含了美食美酒品鉴、特色文艺表演，整体布展水平和视觉氛围不断提升，充分展示了五洲特色和多彩文化，令观众流连忘返。

专栏11-3　国家展打开新的世界文化之门

柬埔寨展示“发展与机遇”

柬埔寨国家馆具有浓郁的本国文化特色，整个展馆“照搬”柬埔寨皇宫，吴哥窟和其他柬埔寨著名寺庙的图片随处可见。柬埔寨各界参展热情更高，馆内展示的木薯、胡椒、腰果、棕榈糖、鱼露、咖啡、手工艺品等特产，吸引了许多参观者购买。

牙买加热切期盼中国投资

牙买加馆内的“酒吧”前很是热闹，等着品尝牙买加蓝山咖啡和朗姆酒的观众排起了长队，整个牙买加馆都飘着诱人的咖啡香和酒香。

俄罗斯馆人气爆棚

俄罗斯馆通过现代媒体技术和艺术表现，让所有参观者可以欣赏到伟大俄罗斯作曲家的作品，欣赏俄罗斯令人惊叹的风景；同时还可以了解很多最先进的科学技术和文化成果。俄罗斯国家馆设计成画廊风格，以醒目的红色为主旨颜色，通过开放式展览和一系列艺术装置，组合成一个统一的俄罗斯全景——“我宽广的祖国”。展馆的整体形状类似一座凉亭或宝塔，在设计理念和意义上，希望创造一个娱乐轻松的区域，让观众感受像是在俄罗斯人家里做客。

展演互动成为“五洲”大联欢。中国各省区市精心设计了非物质文化遗产和“中华老字号”展示及互动体验，如第二届进博会上的陕西皮影戏、浙江龙泉窑瓷器、福建寿山石雕、上海顾绣等，充分展示了中华文明的无穷魅力，增进了文化交流与理解。第三届进博会上，共有国内81个“中华老字号”、12条“全国试点步行街”和100个“非物质文化遗产”进行展示和体验，25个省区市带来“地方综合形象展示”，49场文化公益演出精彩纷呈，促进了经济与人文有机结合。

专栏11-4　非遗和老字号点亮进博会文化交融

进博会设置了“非物质文化遗产暨中华老字号”文化展示项目，在世界各国商品进入中国的同时，也为中国文化走出去提供不可多得的机会，旨在打造一个面向世界、弘扬民族文化的展示平台。

上海借助展区，进行了老牌新品展示、非遗故事挖掘、匠人表演、伴手礼销售等，充分展示了上海的文化特质和城市特质。国家级非遗石库门里弄被搬到了进博会的现场，用上海人家的客堂间、书房间展示市民最日常的生活，又于平常中透露出非遗技艺的精彩。龙凤旗袍挂在角落里，精巧的钩针花瓶装饰一角，蝴蝶牌缝纫机就在旁边，海派盆景摆在茶几上，墙上挂的是海派剪纸的老上海人物，走进“石库门”，点滴之处都是上海风情。

走进陕西展区，设计以中国红、古典黄、晴空白三种色调为主色调，借鉴并使用汉唐时期长安的建筑设计元素，代表了陕西汉唐盛世历史积淀和文化建设的发展成果，彰显了陕西在新时代丝绸之路经济带上绽放出的绚丽光彩。

（四）“开放合作平台”促进共同繁荣

进博会为支持经济全球化、维护多边贸易体制搭建了国际公共平台，唱响了各国开放合作的大合唱。

发出多边合作声音。虹桥国际经济论坛高举多边主义旗帜，成为碰撞思想、凝聚共识的国际高端对话平台，成为弘扬多边主义的制高点。首届论坛上，主论坛1500人与会，平行论坛和国际媒体论坛近3000人与会，20多名外国政要发表演讲，30多位知名企业家、智库专家和国际组织负责人参与讨论互动。第二届论坛上，4位外国元首和政府首脑、1位外长、1位国际组织负责人致辞，50位世界500强企业代表、诺贝尔经济学奖得主等担任嘉宾，主论坛有1500人与会，5场分论坛有3000多人与会，媒体与会4000多人。各方嘉宾围绕全球经贸发展前沿问题开展交流，呼吁反对贸易保护主义、单边主义，凝聚更多共识。第三届论坛有8位外国元首和政府首脑、4位国际组织负责人致辞，支持世界卫生组织更好发挥作用，坚定维护多边贸易体制，推动国际治理变革，响亮发出全球团结抗疫、开放合作的时代强音。

推动全球共同发展。进博会让发展中国家的企业有更多机会搭乘中国发展“快车”，加快融入全球化进程。以“一带一路”国家为例，各国企业通过进博会，对接了贸易投资需求，不仅分享了中国市场和发展红利，也做大了共同发展的“蛋糕”。同时，进博会还帮助最不发达国家参展，第一届为35个、第二届为40个，向每个最不发达国家提供2个免费展位等必要扶持。第三届进博会在延续前两届对最不发达国家的支持政策外，还针对全球疫情大流行，新设公共卫生防疫专区1.1万平方米，参展企业48家，集约化展示了15分钟核酸检测系统、全球首款新一代ECMO（人工肺）等国际先进防疫产品和技术，以实际行动助力国际抗疫合作。

专栏11-5　为“一带一路”沿线国家企业拓展市场创造机遇

首届进博会，来自“一带一路”沿线国家的参展商品不仅包括当地传统优势产业，也有近年来取得新突破的特色产品和优质服务。参展的“一带一路”沿线国家企业，都希望把握住机遇，展示形象、打响品牌、发现商机，进而走进中国、走向世界。

第二届进博会，物流企业DHL宣布推出了连接中国西安与德国汉堡及诺伊斯的最快捷铁路货运服务，把传统运输所需17天的行程缩短至10—12天。DHL在其进博会展台上还架设了一面互动墙，向观众介绍近年来企业在“一带一路”倡议下的发展。

第三届进博会，吸引了“一带一路”沿线国家主要港口服务机构参展，包括迪拜环球港务集团、新加坡PSA国际港务集团等。这些港口和物流服务机构希望借“一带一路”互联互通，在进博会平台寻找新的发展机遇。进博会与“一带一路”倡议这两大国际公共产品同频共振，给行业和企业带来发展信心。

三 共同推动进博会“越办越好”

习近平主席强调，进博会“不仅要年年办下去，而且要办出水平、办出成效、越办越好”。[①]进博会已成功举办三届，树立了国际一流展会的形象和地位。放眼未来，中国将立足新发展阶段，贯彻新发展理念，聚焦“越办越好”，让“展品变商品、展商变投资商”，持续放大进博会综合效应和外溢效应，发挥进博会在全球资源配置、推动产业合作和创新交流、扩大制度型开放等方面的示范窗口作用，在更高开放水平上促进国内国外市场相通、产业相融、创新相促、规则相联，更好地服务构建新发展格局。

（一）确保大国开放承诺“说到做到”

进博会已成为中国对外开放的宣示平台，一定程度上发挥着开放的“棘轮效应”。习近平主席在首届进博会上宣布的中国扩大开放的五方面措施，已经基本落实。第二届进博会上，习近平主席郑重宣布，中国将继续扩大市场开放、继续完善开放格局、继续优化营商环境、继续深化多双边合作、继续推进共建“一带一路”。第三届进博会上，习近平主席宣布，要建设开放新高地，促进外贸创新发展，持续优化营商环境，深化双边、多边、区域合作。中国以自身开放推动世界开放，让开放之光普照全球。中国政府积极推动以上举措尽早落地见效，开放承诺“言必行、行必果”，可以**有效提升进博会“中国开放窗口”的品牌价值**。

---

① “进博会要办出水平、办出成效、越办越好”，新华网，2019年10月24日，http://www.xinhuanet.com/video/2019-10/24/c_1210323992.htm。

（二）推动各国共享开放合作机遇

中国既是“世界工厂”，也是“世界市场”。据麦肯锡研究预测，2035年中国消费市场规模将超过欧美总和。中国坚持走开放融通、互利共赢之路，秉持正确义利观，将通过进博会等平台与各国共享庞大市场空间，拉紧彼此利益纽带，**不断扩大国际合作“朋友圈”**。一方面，中国将继续充分发挥进博会主场外交优势和元首外交引领作用，落实好习近平主席与相关国家领导人达成的重要经贸成果，深化多双边经贸合作；另一方面，通过积极扩大进口，让更多国家分享中国大市场和发展红利，化解贸易分歧和摩擦，促进贸易基本平衡，推进大国协调和合作，深化同周边国家经贸关系。

（三）提升国际公共平台功能

进博会不仅提供货物和服务交易，而且承载了国家形象展示、全球性重大问题探讨等多重功能。要秉持共商共建共享的全球治理观，更好发挥进博会的四大平台功能，打造一个包容性更强的国际合作新平台。例如，做深做实虹桥国际经济论坛，提升国际化水平，各方可以借助虹桥国际经济论坛平台，推动世界贸易组织进行必要改革，支持多边主义，充分反映世界经贸各参与方的利益诉求，引领经济全球化前进方向；又如，加强中国与“一带一路”沿线国家的贸易投资需求对接，推动共建“一带一路”高质量发展。

（四）持续打造国际一流博览会

进博会不是中国的独唱，而是各国的大合唱。进博会要在认真总结经验和广泛听取意见的基础上，坚持开放合作创新发展，确保越办越好。要坚持政府引导、市场运作、企业运营，完善办展办会模式，放大综合效应。要提升虹桥国际经济论坛水平，着力在论坛功能、主题议题、运行机制、论坛成果等方面实现提升，扩大国际影响。要发扬钉钉子的精神，持续打造国际一流博览会和世界级高水平论坛，使进博会成为各国共同参与的“百花园”。

第十二章

“一带一路”倡议是共建人类命运共同体的中国方案

2013年9月和10月，习近平主席在出访哈萨克斯坦和印度尼西亚时，先后提出共建“丝绸之路经济带”和“21世纪海上丝绸之路”的重大倡议。共建“一带一路”是以习近平同志为核心的党中央，统揽政治、外交、经济社会发展全局作出的重大决策，是新时代对外开放的管总规划，是构建人类命运共同体的中国方案。在各方共同努力下，共建“一带一路”从谋篇布局的“大写意”转为精耕细作的“工笔画”，为中国开放发展开辟了新天地，为构建开放型世界经济拓展了新实践，为共建人类命运共同体注入了新动力。

一 “一带一路”倡议奏响了开放合作的大合唱

共建“一带一路”根植历史、面向未来，既是理念、又是行动，源自中国、属于世界，搭建了开放合作的国际公共产品。

（一）体现了历史与未来的结合

具有深厚历史人文渊源。古丝绸之路绵亘万里，延续千年，创造的是财富，体现的是友善，传播的是文明，打开了各国友好交往的窗口，积淀了以和平合作、开放包容、互学互鉴、互利共赢为核心的丝路精神。

赋予古丝绸之路时代内涵。共建“一带一路”直面全人类面临挑战频发的现实问题，提出建设“七个之路”——和平之路、繁荣之路、开放之路、绿色之路、创新之路、文明之路、廉洁之路，对“世界怎么了、我们怎么办”做出郑重回答，让古丝绸之路焕发时代生机。

描绘共同发展美好愿景。共建“一带一路”着眼于人类追求和平与发展的共同向往，倡导开放发展理念，倡导共同发展繁荣，倡导各国相向而行，符合人类文明进步的大方向。

（二）体现了理念与行动的结合

丰富了治理理念。共建“一带一路”坚持共商、共建、共享原则，传承了“立己达人”“义利相兼”“先义后利”“和而不同”等传统文化精髓，不设高门槛，不搞小圈子，摒弃零和思维，倡导多边主义，体现平等互利，为全球治理提供了新思路。

创造了生动实践。共建“一带一路”以实际行动推动构建人类命运共同体，与落实联合国《2030年可持续发展议程》紧密结合，积极促进全球均衡包容发展，是推动建设开放型世界经济的生动实践。

取得了实在收益。“一带一路”建设不是空洞的口号，而是看得见、摸得着的实际举措。各国积极参与，“六廊六路多国多港”的互联互通架构基本形成，一大批合作项目落地生根，两届高峰论坛的各项成果顺利落实，给相关国家带来了实实在在的利益。

（三）体现了中国与世界的结合

契合了各国发展之需。共建“一带一路”倡导开放包容，聚焦互联互通，深化务实合作，欢迎各方搭乘中国发展的“快车”“便车”，顺应了各国谋求加快发展的需要。

回应了沿线人民之盼。共建“一带一路”把中国梦同沿线各国人民的梦想结合起来，让相关国家生产更高效，生活更便利，为当地人民带来获得感、幸福感。

回答了世界发展之问。当今世界，发展失衡、分配差距、数字鸿沟、治理困境等问题亟待解决。共建“一带一路”聚焦发展这个根本性问题，加强同各国战略对接，促进基础设施联通，扩大经贸合作和人文交流，为推动世界繁荣发展提供了新动力。

专栏12-1 世界银行报告：“一带一路”倡议促进全球包容增长

2019年6月，世界银行发布报告《“一带一路”经济学》，指出共建“一带一路”对沿线国家和地区基础设施建设、国际贸易和跨境投资、包容性和可持续增长等具有积极影响。

缩短运输时间：已完成和规划中的“一带一路”交通运输项目将使沿线经济体货运时间最多缩短12%，全球航运时间平均缩短3%。

增加贸易投资：“一带一路”新建的交通网络，将让沿线经济体贸易增长2.8%—9.7%，全球贸易增长1.7%—6.2%；低收入国家吸收的外国直接投资有望增加7.6%。

助推经济增长：共建“一带一路”将使沿线经济体的实际收入最高增长3.4%，全球收入增加2.9%；帮助760万人口摆脱极端贫困（日均收入低于1.9美元）、3200万人口摆脱中度贫穷（日均收入低于3.2美元）。

二 “一带一路”建设取得了令人瞩目的成绩

8年来，共建“一带一路”在探索中前进，在发展中完善，在合作中成长，已成为广受欢迎的国际公共产品。“一带一路”被写入联合国安理会决议、中非合作论坛、上海合作组织等重要成果文件，“朋友圈”不断扩大，取得了令人瞩目的成绩。

（一）经济全球化的“共赢版”

共建“一带一路”为深化国际贸易投资合作搭建了平台，为各国协同发展提供了机遇，为促进经济全球化做出了积极贡献。

贸易规模稳定增长。共建“一带一路”提高了贸易便利化水平，贸易“蛋糕”越做越大。2013–2020年，中国与沿线国家货物贸易累计9.2万亿美元，2020年占中国总体外贸比重较2013年提高4.1个百分点。在“一带一路”沿线国家和地区设立海外仓超过300个，支持企业建设国际营销网络1595个。中国积极扩大进口，与沿线国家分享中国市场机遇，双边贸易更加均衡（图12.1）。

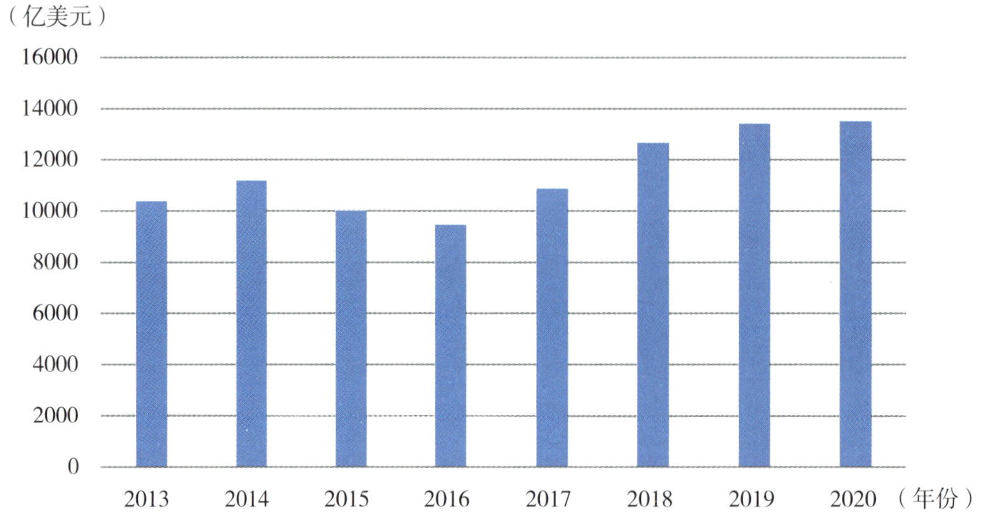

图12.1　中国与“一带一路”沿线国家货物贸易额

资料来源：中华人民共和国商务部、中华人民共和国海关总署。

双向投资势头良好。中国与沿线国家投资合作不断深入，带动了工业化进程。2013—2020年，中国企业对沿线国家直接投资1360亿美元，沿线国家在华新设外资企业2.7万家，实际投资近600亿美元。中国企业在沿线国家境外经贸合作区累计投资超过376亿美元，上缴东道国税费38亿美元，为当地创造33万个就业岗位。

专栏12-2　柬埔寨西哈努克建起工业新区

西哈努克港经济特区（简称“西港特区”）位于柬埔寨西哈努克东部海

岸，毗邻柬埔寨最大海港西哈努克港。在中柬合作开发下，特区从无路、无水、无电、无网的丘陵莽原，发展成为容纳上百家各国企业、上万名员工的活力新城。

目前，西港特区的工业产值对西哈努克市的经济贡献率超过50%，成为当地的“金饭碗”。周边百姓生活水平不断提高，年人均收入达3358美元，远高于柬埔寨全国平均水平。西港特区积极承担社会责任，为当地改善教学环境、帮扶贫困学生。自2015年起，西港特区先后5次配合中国援外医疗队开展免费医疗巡诊活动，近8000名当地患者得到了诊治。越来越多的当地百姓学习在特区、工作在特区、生活在特区、幸福在特区。

重大项目落地生根。中国企业在沿线国家开展项目建设，为当地经济发展注入动力。2013—2020年，中国在“一带一路”沿线国家承包工程新签合同额由719亿美元增加至1415亿美元，年均增长10%；完成营业额由654亿美元增加至911亿美元，年均增长4.8%（表12.1）。重大项目相继落地，提高了沿线国家互联互通和经济发展水平。

表12.1　2013—2020年中国在“一带一路”沿线国家承包工程情况

年份	新签合同数（个）	新签合同额			完成营业额		
		金额（亿美元）	同比（%）	占比（%）	金额（亿美元）	同比（%）	占比（%）
2013	2999	719	—	42	654	—	48
2014	3517	862	20	44	643	–2	45
2015	3987	926	7	44	693	8	45
2016	8158	1260	36	52	760	10	48
2017	7217	1443	15	54	855	13	51
2018	7721	1258	–13	52	893	4	53
2019	6944	1549	23	60	980	10	57
2020	—	1415	–8.7	55	911	–6.9	58

资料来源：中国商务部。

专栏12-3 比雷埃夫斯港：为希腊经济增长赋能

2010年希腊爆发债务危机，比雷埃夫斯港（简称“比港”）遭受冲击，经营管理举步维艰。中远海运接收港口经营后，与当地员工一起翻建扩建码头，提高运营效率，开拓国际市场，发挥比港优势启动中欧陆海快线，打通比港和希腊、欧洲的铁路网，让比港从衰落走向新生。

2019年，比雷埃夫斯港营收增长12.3%，达1.5亿欧元；净利润增长27.1%，达3540万欧元，集装箱年吞吐量是2010年的6倍以上，再次问鼎地中海第一大港的宝座。2020年，即使在新冠肺炎疫情影响下，比雷埃夫斯港货物运输量降幅仍小于北欧和地中海其他地区港口。

民生援助取得实效。首届“一带一路”国际合作高峰论坛以来，中国向沿线发展中国家提供20亿元人民币紧急粮食援助，向南南合作援助基金增资10亿美元，实施“幸福家园”“爱心助困”“康复助医”等项目各100个，“一带一路”沿线每天都产生着精彩故事。西非暴发埃博拉疫情，中国率先派出医疗队，为受援国政府和人民提供支持和帮助；“一带一路光明行”为当地白内障患者免费手术，成为对外援助的金字招牌。新冠肺炎疫情发生后，中国与“一带一路”沿线国家守望相助、同舟共济，深入开展疫情防控合作、疫苗合作，民心相通进一步加深。2020年，中国在自身对防疫物资巨大需求的情况下，仍出口口罩2242亿只，相当于除中国外，全球每人40只；出口防护服23.1亿件、呼吸机27.1万台，全力支持全球抗疫，展现了中国担当。

（二）国际公共产品的“中国版”

“一带一路”国际合作框架下，形成了一些具有国际影响力的公共产品，为完善全球经济治理体系提供了中国方案、贡献了中国力量。

“一带一路”国际合作高峰论坛。2017年5月、2019年4月，两届高峰论坛先后在北京举办，已成为各参与国家和国际组织深化交往、增进互信、密切往

图12.2　两届“一带一路”国际合作高峰论坛对比

资料来源：中国“一带一路”网，www.yidaiyilu.gov.cn。

来的机制化平台（图12.2）。首届高峰论坛宣布的中国国际进口博览会已连续成功举办三届，迎来第四届，实现了“越办越好”。第二届高峰论坛有38个国家的元首和政府首脑出席，150多个国家和90多个国际组织的6000多名代表参会，形成了六大类、283项建设性成果。

亚洲基础设施投资银行。2016年1月，亚洲基础设施投资银行（以下简称“亚投行”）正式成立并开业，为国际金融体系提供了重要补充。截至2020年年底，亚投行成员国发展到103个，累计批准贷款项目108个，累计批准投资额超220亿美元，涉及21个国家和地区，覆盖交通、能源、电信、城市发展等多个领域。**丝路基金**积极推进与境内外金融机构合作，投资行业涵盖了基础设施、资源开发、产业合作等多个领域，投资项目覆盖了“一带一路”沿线多个国家。

（三）全方位开放的“引领版”

共建“一带一路”注重中国东、中、西部协同开放，推动形成全面开放新格局，有利于深化中国与各国合作，推动建设开放型世界经济。

促进沿海与内陆协调开放。共建“一带一路”打通中国向西开放的国际大通道，中欧班列、陆海新通道、“空中丝绸之路”等促进了中国内陆地区、相关内陆国家开放。截至2021年6月，中欧班列累计开行超过4万列，通达境外23个国家的168个城市，2020年开行1.24万列、发送113.5万标箱、运输货物货值

500亿美元，同比分别增长50%、56%、43%；2021年上半年，开行7377列、发送70.7万标箱，同比分别增长43%和52%（图12.3）。西部陆海新通道铁海联运班列2020年开行4607列，增长105%。

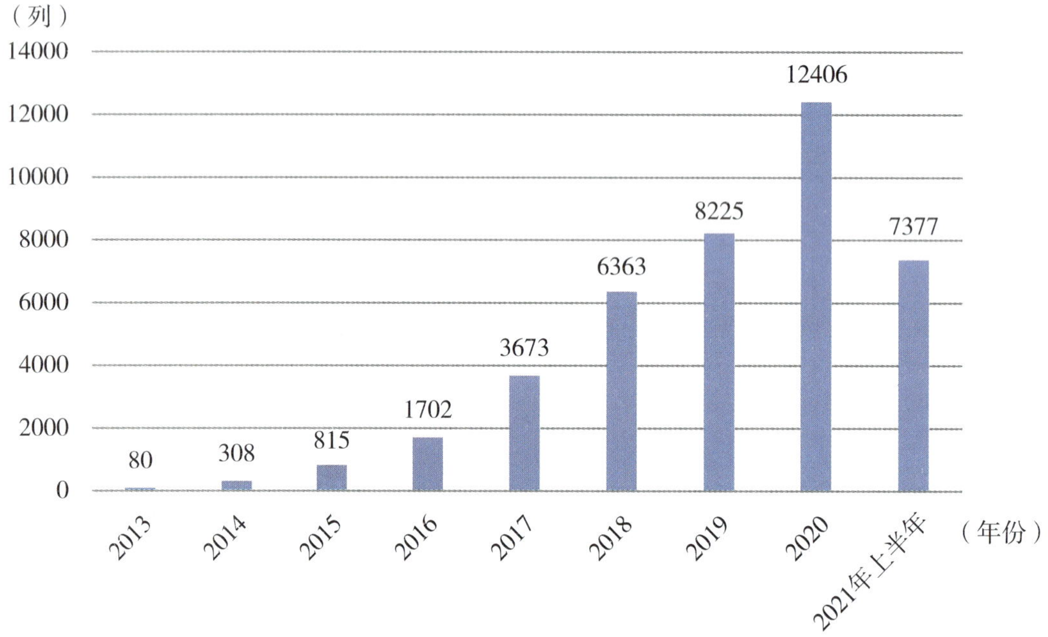

图12.3　2013年—2021年6月中欧班列运营班列数

资料来源：中国铁路总公司。

专栏12-4　西部陆海新通道建设提速

西部陆海新通道位于我国西部地区腹地，北接丝绸之路经济带，南连21世纪海上丝绸之路，协同衔接长江经济带，在区域协调发展格局中具有重要战略地位。“十四五”规划和2035年远景目标纲要明确将西部陆海新通道作为面向服务国家重大战略的重大工程之一。

西部陆海新通道建设成效显著，为西部地区经济社会发展和开发开放提供重要支撑，已成为带动西部地区经济社会发展的重要引擎。在西部陆海新通道建设进程中，海陆联通的港口与通道不断完善，物流服务水平和运行效率明显提升，双向互济的经贸联动格局逐步形成。

推动沿线政策对接和机制合作。截至目前，中国已同170多个国家和国际组织，签署200余份共建“一带一路”合作文件。推动落实世界贸易组织《贸易便利化协定》，不断完善自贸区网络。《区域全面经济伙伴关系协定》（RCEP）成功签署。中国与13个沿线国家签署了自贸协定，与56个沿线国家签署了双边投资协定，与欧亚经济联盟签署了经贸合作协定。

坚持传统市场与新兴市场并重。共建“一带一路”加快推进面向新兴市场和发展中国家的开放。2013—2020年，中国与东盟的贸易占中国外贸的比例从10.7%提高到14.7%，2020年东盟跃升为中国第一大贸易伙伴；与中东欧的贸易占比从1.3%提高到2.2%，与拉丁美洲的贸易占比从6.3%提高到6.8%（图12.4）。8年来，中国对非洲投资累计约270亿美元，促进了非洲工业化发展。

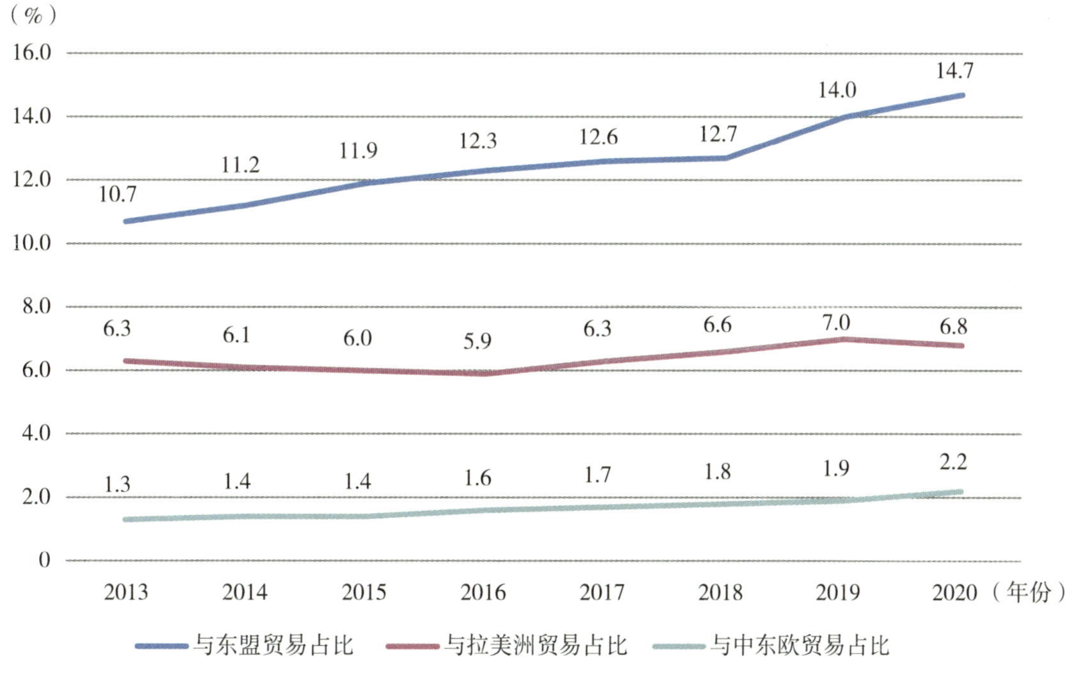

图12.4　中国与新兴市场贸易占中国外贸比重

资料来源：中国商务部、国家统计局。

（四）高质量发展的“合作版”

“一带一路”沿线国家资源禀赋各异，经济互补性强。共建“一带一路”践行开放、绿色、廉洁理念，注重提升相关国家自主发展能力，着力实现可持续发展。

促进了市场融合。中国与"一带一路"沿线国家互相开放市场，促进了商贸往来，为各参与方带来更大市场和机遇。中国生产的机电产品、食品、服装等漂洋过海"走出去"，白俄罗斯牛奶、哈萨克斯坦小麦、智利车厘子等农产品也摆上了中国百姓的餐桌。

加深了项目合作。共建"一带一路"让"一带一路"沿线国家的经济发展需求与中国的优势产业结合，有力推动了当地工业化、城镇化、现代化。中企投资的哈萨克斯坦克孜勒奥尔达州特种水泥厂，填补了哈萨克斯坦水泥产业空白。中国企业在几内亚承建的卡雷塔水电站，将西非"水塔"变成"电塔"。肯尼亚蒙内铁路的开通，带动当地相关产业发展，为经济增长注入动力。

专栏12-5 书写肯尼亚未来的蒙内铁路

蒙内铁路是肯尼亚实现2030年国家发展愿景的旗舰工程，是独立以来建设的第一条铁路，是非洲大陆标准最高、质量最好、性价比最佳的铁路之一，被肯尼亚人誉为"世纪铁路"。蒙内铁路连接肯尼亚首都内罗毕与东非第一大港蒙巴萨，全长480公里，全程通车最快4.5小时。在此之前，连接两个重要城市的铁路交通，是一条一百年前由英国修建的老铁路，最高时速仅30公里。

开通以来，蒙内铁路为肯尼亚经济社会发展带来巨大改变，两地运输时间缩短4小时，物流成本降低40%，创造4.6万个就业岗位，培训当地员工超过4.5万人次，推动肯尼亚经济增长1.5%。同时，蒙内铁路以高标准的环保要求施工，建造14条大型野生动物穿越通道，实现了铁路与野生动物的和谐共处。

带动了技术创新。中国与沿线国家在数字基础设施、移动支付和跨境电商等领域的交流合作不断深化。巴基斯坦—东非海底光缆，为非洲和中亚地区构建数字经济高速公路。北斗卫星导航应用产品，为相关国家提供精准、全方位的时空信息服务。一批中国互联网企业在东南亚等地拓展合作，助力当地提升电子商务水平。

推动了可持续发展。中国企业参与的巴基斯坦萨察尔风电等多个清洁能源项目，为当地绿色低碳发展做出积极贡献。中国企业在“一带一路”沿线国家强化人才培养，注重生态环保，积极履行社会责任，开展一系列捐资助学、架桥修路、改善医疗等活动，项目走到哪儿，公益就做到哪儿。

专栏12-6 中国、意大利、巴西三方合作提供可持续清洁能源

中国企业与意大利国家电力公司创新开展三方合作，融合中国企业的优势产能和意大利企业的先进经验，汇聚中欧金融机构的优势，“联合开发，利益共享，风险共担”，为巴西提供高性价比的新能源解决方案，实现多方共赢。

2016年1月，中国金融机构与意大利国家电力公司签署三方合作框架协议，为意大利国家电力公司及其下属绿色能源公司提供10亿美元的融资保险额度，支持其采用中国设备或承包商在拉美开展项目。

截至2018年年底，中国企业已为意大利国家电力公司下属绿色能源公司在巴西的一系列可再生能源项目融资3.3亿美元，部分项目已并网发电，为巴西居民带来了持续的清洁能源。

专栏12-7 杜尚别的冬天不再冷

塔吉克斯坦水力资源丰富，但水力发电能力不足。因为一到河川冻结的枯水期，许多小型水电站只能处于停工状态。由中企承建的杜尚别2号热电厂项目，满足了塔吉克斯坦首都杜尚别地区60%的电力需求，为当地70多万居民冬季供暖，从此，杜尚别与寒冷、缺电的冬季挥手告别。

项目系统设计采用了先进的工艺标准与环保技术，确保了工业排气超净排放，20万吨全封闭式煤场降低了环境污染，等离子点火技术的使用真正做到了“零油耗”。

2号热电厂为塔吉克斯坦火电工业发展培养了大批人才。项目建设和运行期间，150名塔吉克斯坦技术人员到中国培训，提升了技能水平；300名塔吉克斯坦运行人员在中方专家指导下，掌握了专业知识，并能够独立操作电站运行设备。

三　推进共建“一带一路”行稳致远

“涓涓细流汇成大海，点点星光点亮银河”。展望未来，共建“一带一路”将秉持共商、共建、共享原则，坚持开放、绿色、廉洁理念，努力实现高标准、惠民生、可持续目标，沿着高质量发展方向不断前进。

（一）政策沟通“走实”

在相互尊重、平等相待的基础上，充分照顾各方利益和关切，加强战略对接，深化优势互补，坚持在开放中分享机会和利益，实现互利共赢。加强政策协调，完善合作机制，签署更多务实合作协议和行动计划，放大“一加一大于二”的开放合作效果。

（二）设施联通“走宽”

下大力气发展全球互联互通，完善以经济走廊为引领，以大通道和信息高速路为骨架的互联互通网络，将高质量、可持续、抗风险、价格合理、包容可及的目标融入基础设施项目的方方面面，形成更多可视性成果。提升陆海新通道效应，推进中欧班列有序发展，加快“数字丝绸之路”建设。

（三）贸易畅通“走深”

促进贸易和投资自由化便利化，维护多边贸易体制，旗帜鲜明反对保护主义，与有意愿的相关国家共建高标准自贸区，推动建设开放型世界经济。推动境外经贸合作区和重大项目建设，加强第三方合作，实现多方共赢，扩大利益汇合点。

（四）资金融通“走稳”

更好发挥亚投行、丝路基金等作用，引导鼓励多边和各国金融机构参与共建“一带一路”投融资。推广政府和社会资本合作，建设多元化融资体系和多层次资本市场，建立稳定、可持续、风险可控的金融服务体系。支持绿色丝绸之路建设，共同保护好地球家园。

（五）民心相通“走近”

深入开展教育、科学、文化、体育、旅游、卫生等领域合作，加强政党、议会以及智库、媒体等往来，创新交流方式，拓展对话渠道，积极架设不同文明互学互鉴的桥梁。

“凡益之道，与时偕行”。各国利益日益交融、命运更加休戚与共是大势所趋，不断创造更加美好的生活是各国人民的共同期待。随着时间推移，共建“一带一路”将进一步展现出强大生命力和创造力，为建设开放型世界经济、构建人类命运共同体作出更大贡献。

结 语

世界开放展望

人类从历史长河中走来，文明在时代更迭中发展。人类文明的繁盛离不开开放包容、求同存异、互学互鉴。**开放让人类文明相遇、碰撞、吸纳和新生，成为文明再生的动力**。开放让要素流通、信息沟通、产品畅通、市场联通，疏通了经济全球化的血脉。

当今世界处于“百年未有之大变局”，新冠肺炎疫情加速了世界格局调整演变，各国的开放共识明显减弱，单边主义、保护主义抬头，经济全球化动力弱化、阻力强化，不确定风险增多，**世界经济再次面临“向何处去”的重大历史命题**。“察势者明，趋势者智，驭势者赢”。人类追求和平发展的愿望没有根本改变，技术革新与产业升级大势没有根本改变，各国经济深度交融的事实没有根本改变。世界要突破当前的发展困局，扭转“逆全球化”势头，需要从良性“自我实现预言”中把握未来发展大势，**让国际社会的开放共识更大、开放动能更足、开放共享更强**。

未来的世界开放，需要更优的理念。思想是行动的先导。一个更加开放包容的世界，需要超越零和博弈、囚徒困境和极端思维，走向共商共享、互惠互利和中道思维；超越文明冲突、文明中心与国强必霸，走向交流互鉴、平等相待与美美与共；超越丛林法则、利益至上和本国优先，走向立己达人、义利相兼和人类优先。

未来的世界开放，需要更深的互信。信任一向是大国关系中的稀缺产品。当今世界开放引领不足、动力不足，信任稀缺是主要障碍。没有信任就没有友谊。增进互信，全力避免出现“经济铁幕”，世界经济就能劈波斩浪走出一片新天地；直面分歧和矛盾，为了共同的利益，努力把负面影响降到最低，人类社会就能走得远、走得快。

未来的世界开放，需要更大的合作。从“本国优先”的角度看，世界是狭小拥挤的，时时都是“激烈竞争”。从命运与共的角度看，世界是宽广博大的，处处都有合作机遇。让开放之舟行稳致远，需要更好发挥合作的“压舱石”作用，在竞争中扩大利益交集，在解决全球问题中相向而行。“独行快，众行远”，我们前进的方向应是“你中有我，我中有你”的发展局面，是平等对话、求同存异的国际交往，是携手共商、包容互惠的共同秩序。

未来的世界开放，需要更多的共享。大家一起发展才是真发展，可持续发展才是好发展。面对分配不公、贫富悬殊等问题，开放要走“和合共生”“世界大同”的正道，以交流超越隔阂，以互鉴超越冲突，以共赢超越鸿沟，做大蛋糕分好蛋糕，让开放之光照耀地球的每一个角落，实现不同地区、不同国家、不同民族的共生、共存、共发展。

展望未来，新的时代画卷已经展开。全球经济终将在开放中继续前行，人类文明终将在开放中绽放璀璨光芒，世界的前途命运终将在开放中走向新的辉煌。

附　　录

一　世界开放指数总榜单

129个经济体对外开放指数的排名，如附表A所示，其中最后两列的变动值，均指2019年相对于2008年而言。

附表A　　对外开放指数排名（2008—2019年）

（按2019年指数值排序）

经济体＼年份	2019	2018	2017	2016	2015	2014	2013	2012	2011	2010	2009	2008	位次变动	指数变动（%）
新加坡	1	1	1	1	1	2	2	2	2	2	2	2	+1	2.5
德国	2	3	3	3	4	4	4	4	4	4	3	3	+1	3.8
中国香港	3	2	2	2	2	3	3	3	3	3	4	4	+1	3.4
爱尔兰	4	4	4	4	6	5	7	7	8	8	9	11	+7	7.3
英国	5	6	5	6	9	7	6	6	5	5	5	5	0	2.2
瑞士	6	5	6	5	8	6	5	5	6	7	7	10	+4	4.1
荷兰	7	9	8	8	7	9	8	8	7	10	8	8	+1	1.8
法国	8	7	9	9	10	11	10	11	10	11	10	9	+1	1.8
加拿大	9	8	11	10	11	10	9	10	9	9	11	7	−2	1.0
马耳他	10	10	14	12	12	12	12	12	11	6	6	6	−4	−1.0
意大利	11	11	13	13	13	13	13	13	13	13	14	15	+4	2.6
比利时	12	12	15	14	15	14	14	15	14	14	17	16	+4	2.1
以色列	13	13	16	16	17	16	15	14	15	15	18	17	+4	2.6
韩国	14	15	17	19	22	19	28	36	41	43	50	51	+37	11.4

续表

经济体 \ 年份	2019	2018	2017	2016	2015	2014	2013	2012	2011	2010	2009	2008	位次变动	指数变动（%）
塞浦路斯	15	16	28	32	32	30	51	40	19	18	19	19	+4	2.9
澳大利亚	16	14	12	11	14	17	18	21	22	22	25	25	+9	3.8
瑞典	17	21	21	22	20	18	20	18	17	17	20	22	+5	3.0
西班牙	18	17	18	17	19	20	21	22	20	19	22	20	+2	2.7
捷克	19	18	19	20	21	24	24	23	23	24	26	27	+8	4.1
卢森堡	20	31	7	15	5	8	11	9	27	23	15	41	+21	7.8
日本	21	28	25	26	16	15	16	16	12	12	12	12	−9	−1.5
美国	22	19	10	7	3	1	1	1	1	1	1	1	−21	−17.8
奥地利	23	20	22	24	23	22	19	19	18	20	21	21	−2	2.7
丹麦	24	23	24	23	24	23	23	20	21	21	24	23	−1	3.2
匈牙利	25	26	26	21	26	25	26	26	26	27	27	26	+1	3.5
挪威	26	22	20	18	18	21	17	17	16	16	16	13	−13	−0.5
爱沙尼亚	27	25	27	28	27	27	22	24	24	28	29	29	+2	4.5
新西兰	28	24	23	25	25	26	25	25	25	25	13	14	−14	−0.4
拉脱维亚	29	27	29	27	29	28	29	28	30	31	35	36	+7	5.4
哥斯达黎加	30	29	31	30	33	59	43	43	43	59	57	58	+28	10.6
立陶宛	31	30	30	36	50	47	47	52	45	42	39	37	+6	5.1
芬兰	32	32	32	31	31	29	27	27	29	29	28	28	−4	2.7
葡萄牙	33	34	35	33	34	31	31	31	31	30	30	30	−3	2.9
乌拉圭	34	37	39	39	39	36	33	32	35	34	31	31	−3	2.9
智利	35	33	36	40	37	37	36	33	28	26	23	18	−17	−0.7
尼加拉瓜	36	36	38	37	36	44	42	41	42	39	40	40	+4	4.7
中国澳门	37	40	43	48	47	42	44	50	44	44	46	48	+11	5.9
巴拿马	38	38	34	35	30	35	37	37	34	36	36	34	−4	2.6
秘鲁	39	35	37	47	46	53	49	49	51	61	58	60	+21	8.7
中国	40	42	41	42	43	43	45	47	53	58	61	62	+22	9.6
巴林	41	39	40	38	38	34	30	29	40	38	37	39	−2	4.1
斯洛伐克	42	41	42	41	40	40	38	39	39	41	41	47	+5	4.8
波兰	43	44	45	44	45	58	57	57	57	54	56	57	+14	7.3
格鲁吉亚	44	47	58	58	60	56	58	62	99	99	87	78	+34	11.5
特立尼达和多巴哥	45	45	44	29	28	38	35	34	36	40	47	49	+4	5.8

续表

年份 经济体	2019	2018	2017	2016	2015	2014	2013	2012	2011	2010	2009	2008	位次变动	指数变动（%）
危地马拉	46	43	46	43	41	51	48	51	49	45	45	46	0	4.0
阿曼	47	48	47	45	42	45	41	44	47	50	51	52	+5	6.3
马来西亚	48	46	48	46	44	39	55	56	58	55	42	24	−24	−1.2
希腊	49	51	55	55	56	33	32	30	32	33	33	33	−16	0.8
冰岛	50	49	49	62	78	73	73	76	75	79	80	83	+33	11.4
保加利亚	51	52	33	34	35	32	34	35	33	32	34	35	−16	0.4
克罗地亚	52	53	56	56	58	54	56	58	59	56	52	53	+1	4.8
柬埔寨	53	50	50	49	48	57	59	60	64	68	76	81	+28	10.4
墨西哥	54	54	53	54	55	52	50	48	48	46	43	42	−12	1.5
斯洛文尼亚	55	57	57	57	57	55	54	54	50	47	44	38	−17	0.8
安提瓜和巴布达	56	56	54	52	53	50	53	53	52	52	67	71	+15	8.2
约旦	57	55	52	50	49	41	40	38	38	37	32	32	−25	−1.0
毛里求斯	58	58	51	53	52	49	52	45	37	35	38	44	−14	0.6
萨尔瓦多	59	59	59	60	59	61	60	59	56	51	48	43	−16	0.2
科威特	60	60	61	63	62	62	61	68	69	67	66	72	+12	5.7
博茨瓦纳	61	62	63	61	61	60	63	55	55	49	53	59	−2	2.3
圭亚那	62	61	62	51	51	48	46	42	46	48	55	55	−7	1.2
罗马尼亚	63	63	64	64	65	63	67	67	67	72	72	77	+14	5.5
俄罗斯	64	64	60	59	54	46	39	46	54	57	62	69	+5	4.0
哥伦比亚	65	65	67	69	81	90	98	103	102	102	100	92	+27	8.8
阿根廷	66	71	76	80	87	88	89	90	78	78	77	79	+13	4.6
厄瓜多尔	67	66	65	66	64	87	88	86	84	62	54	54	−13	−0.7
沙特阿拉伯	68	67	66	65	63	68	65	66	66	65	68	64	−4	1.5
蒙古国	69	70	69	70	70	72	71	70	80	83	86	80	+11	3.7
赞比亚	70	69	68	67	67	64	62	61	61	63	63	66	−4	1.7
多米尼加	71	68	70	78	75	70	70	65	62	60	73	76	+5	2.5
巴拉圭	72	72	74	72	74	76	75	74	71	69	60	61	−11	−0.8
乌干达	73	74	71	75	71	71	72	71	73	74	75	74	+1	1.0
巴巴多斯	74	73	77	71	76	82	81	82	82	88	96	100	+26	9.0
越南	75	75	72	76	80	81	82	84	87	86	88	90	+15	4.5
印度尼西亚	76	76	82	79	79	79	78	79	85	66	70	67	−9	−0.2

续表

年份 经济体	2019	2018	2017	2016	2015	2014	2013	2012	2011	2010	2009	2008	位次变动	指数变动（%）
北马其顿	77	78	75	74	73	77	77	73	77	77	71	73	−4	0.2
洪都拉斯	78	77	81	83	84	91	90	93	91	91	79	56	−22	−4.0
亚美尼亚	79	80	79	81	69	67	68	69	68	70	65	68	−11	−0.7
菲律宾	80	79	78	77	77	75	94	92	96	93	85	88	+8	2.6
阿尔巴尼亚	81	81	80	82	82	83	80	75	76	87	99	102	+21	7.9
巴布亚新几内亚	82	82	86	87	68	66	64	64	65	76	82	89	+7	2.3
泰国	83	83	83	85	85	85	86	87	90	96	93	82	−1	−0.1
印度	84	84	87	86	86	86	85	89	89	89	92	94	+10	4.3
冈比亚	85	86	84	84	83	80	79	81	83	81	81	86	+1	0.3
乌克兰	86	85	98	98	104	107	106	106	106	108	109	99	+13	5.4
牙买加	87	87	85	68	66	65	66	63	63	64	59	50	−37	−6.5
摩洛哥	88	88	88	89	91	92	91	91	92	90	91	93	+5	2.3
吉尔吉斯斯坦	89	91	91	91	108	104	104	97	74	73	74	70	−19	−3.5
南非	90	89	95	95	94	93	92	94	94	94	89	91	+1	0.3
土耳其	91	93	73	73	72	74	76	77	81	80	83	85	−6	−1.2
埃及	92	90	89	105	103	103	100	83	60	53	49	45	−47	−9.5
黎巴嫩	93	92	90	88	89	69	69	72	72	71	64	63	−30	−4.9
摩尔多瓦	94	94	94	93	96	98	115	118	119	117	112	107	+13	5.5
伯利兹	95	95	93	92	92	94	95	95	95	100	105	105	+10	5.2
肯尼亚	96	97	92	94	90	89	87	88	86	84	84	87	−9	−1.7
玻利维亚	97	96	96	90	88	84	83	85	88	85	78	75	−22	−4.3
莱索托	98	99	102	101	106	105	102	107	104	101	101	106	+8	4.4
巴西	99	98	97	96	93	78	74	78	79	75	69	65	−34	−6.3
突尼斯	100	101	100	99	95	95	93	96	98	92	97	96	−4	0.5
萨摩亚	101	103	105	106	105	109	109	109	107	107	106	109	+8	3.9
老挝	102	102	101	100	101	99	103	104	110	113	117	119	+17	5.8
阿塞拜疆	103	104	99	97	100	101	101	102	103	112	116	101	−2	1.7
佛得角	104	105	120	129	129	129	129	129	129	128	128	127	+23	11.7
津巴布韦	105	108	104	103	98	114	117	99	93	97	115	117	+12	4.9
波黑	106	100	103	102	99	97	84	80	70	82	90	84	−22	−5.3

续表

经济体＼年份	2019	2018	2017	2016	2015	2014	2013	2012	2011	2010	2009	2008	位次变动	指数变动（%）
莫桑比克	107	106	108	107	111	106	105	105	114	114	110	114	+7	3.3
苏丹	108	109	109	122	122	121	124	125	128	129	130	126	+18	9.6
哈萨克斯坦	109	111	107	110	113	112	111	113	113	116	111	112	+3	3.0
斐济	110	107	106	104	102	100	96	100	101	103	103	103	−7	0.5
孟加拉国	111	110	110	108	107	108	107	108	105	105	104	104	−7	1.0
尼日利亚	112	112	111	109	109	102	99	101	100	98	98	98	−14	−0.5
纳米比亚	113	113	114	113	112	113	112	114	115	109	114	118	+5	3.6
白俄罗斯	114	114	113	114	120	123	116	116	117	118	118	115	+1	2.8
阿尔及利亚	115	115	112	111	110	110	108	110	108	104	102	108	−7	0.7
马达加斯加	116	116	115	116	97	96	97	112	111	111	95	97	−19	−2.0
马里	117	118	117	112	115	116	113	117	118	115	113	113	−4	1.1
加纳	118	119	124	121	119	120	121	120	112	110	108	111	−7	0.6
巴基斯坦	119	117	116	115	114	111	110	111	109	106	107	110	−9	0.6
斯里兰卡	120	120	118	117	116	117	119	98	97	95	94	95	−25	−4.3
刚果（布）	121	121	119	119	118	122	122	122	122	121	119	120	−1	1.9
马拉维	122	122	121	120	121	119	120	127	126	126	125	124	+2	2.3
埃塞俄比亚	123	123	123	123	123	118	118	119	120	120	121	122	−1	1.1
坦桑尼亚	124	124	122	118	117	115	114	115	116	119	120	116	−8	−1.1
科特迪瓦	125	125	126	125	125	125	123	121	123	123	123	121	−4	0.3
尼泊尔	126	126	125	124	124	124	128	123	124	124	124	130	+4	84.7
布隆迪	127	127	127	127	127	127	126	124	125	125	126	125	−2	0.9
加蓬	128	128	128	128	128	128	127	128	127	127	127	128	0	2.8
中非共和国	129	129	129	130	130	130	130	130	130	130	129	129	0	0.7

注：字体为黑体且加粗者，为二十国集团（G20）成员国。除非特别说明，下同。

附表B　　世界开放指数（2008—2019年）

（按2019年数值排序）

年份		2019	2018	2017	2016	2015	2014	2013	2012	2011	2010	2009	2008
	世界	0.7480	0.7462	0.7492	0.7494	0.7591	0.7655	0.7658	0.7621	0.7692	0.7711	0.7712	0.7790
1	新加坡	0.8646	0.8630	0.8536	0.8501	0.8557	0.8587	0.8571	0.8546	0.8499	0.8411	0.8357	0.8438
2	**德国**	0.8552	0.8508	0.8394	0.8352	0.8350	0.8365	0.8350	0.8259	0.8297	0.8251	0.8236	0.8243

续表

年份		2019	2018	2017	2016	2015	2014	2013	2012	2011	2010	2009	2008
3	中国香港	0.8503	0.8580	0.8467	0.8471	0.8494	0.8579	0.8542	0.8486	0.8475	0.8392	0.8212	0.8221
4	爱尔兰	0.8371	0.8249	0.8266	0.8276	0.8272	0.8196	0.8054	0.7978	0.7946	0.7879	0.7842	0.7802
5	**英国**	0.8171	0.8080	0.8147	0.8026	0.8054	0.8036	0.8055	0.8063	0.8036	0.8035	0.7997	0.7998
6	瑞士	0.8133	0.8173	0.8100	0.8111	0.8071	0.8047	0.8078	0.8084	0.8021	0.7909	0.7845	0.7814
7	荷兰	0.7997	0.7865	0.7916	0.7939	0.8072	0.7920	0.8000	0.7870	0.7947	0.7801	0.7844	0.7856
8	**法国**	0.7986	0.7985	0.7904	0.7877	0.7862	0.7872	0.7864	0.7837	0.7833	0.7797	0.7806	0.7848
9	**加拿大**	0.7953	0.7867	0.7878	0.7848	0.7846	0.7896	0.7888	0.7864	0.7876	0.7806	0.7791	0.7874
10	马耳他	0.7838	0.7809	0.7748	0.7751	0.7731	0.7849	0.7738	0.7745	0.7797	0.7951	0.7915	0.7921
11	**意大利**	0.7814	0.7805	0.7754	0.7725	0.7729	0.7734	0.7728	0.7674	0.7716	0.7687	0.7651	0.7618
12	比利时	0.7777	0.7765	0.7706	0.7711	0.7679	0.7701	0.7704	0.7652	0.7701	0.7612	0.7571	0.7618
13	以色列	0.7772	0.7746	0.7672	0.7654	0.7646	0.7662	0.7654	0.7653	0.7667	0.7595	0.7567	0.7575
14	**韩国**	0.7718	0.7695	0.7630	0.7577	0.7549	0.7572	0.7406	0.7279	0.7220	0.7080	0.6973	0.6928
15	塞浦路斯	0.7696	0.7681	0.7527	0.7418	0.7420	0.7399	0.7065	0.7216	0.7544	0.7488	0.7517	0.7481
16	**澳大利亚**	0.7681	0.7722	0.7855	0.7761	0.7685	0.7643	0.7567	0.7500	0.7491	0.7432	0.7410	0.7397
17	瑞典	0.7674	0.7643	0.7583	0.7571	0.7565	0.7580	0.7550	0.7513	0.7557	0.7492	0.7482	0.7453
18	西班牙	0.7669	0.7668	0.7611	0.7585	0.7577	0.7569	0.7546	0.7494	0.7534	0.7478	0.7453	0.7466
19	捷克	0.7668	0.7661	0.7591	0.7575	0.7562	0.7543	0.7501	0.7491	0.7485	0.7410	0.7357	0.7367
20	卢森堡	0.7667	0.7503	0.7925	0.7675	0.8289	0.8013	0.7856	0.7868	0.7427	0.7411	0.7603	0.7115
21	**日本**	0.7666	0.7593	0.7554	0.7533	0.7647	0.7677	0.7643	0.7631	0.7750	0.7713	0.7689	0.7782
22	**美国**	0.7666	0.7653	0.7904	0.7985	0.8370	0.8607	0.8681	0.8628	0.8875	0.9084	0.9145	0.9328
23	奥地利	0.7664	0.7644	0.7582	0.7561	0.7548	0.7561	0.7552	0.7505	0.7545	0.7464	0.7453	0.7459
24	丹麦	0.7662	0.7634	0.7563	0.7566	0.7547	0.7546	0.7536	0.7501	0.7511	0.7447	0.7426	0.7424
25	匈牙利	0.7632	0.7597	0.7537	0.7574	0.7530	0.7521	0.7479	0.7443	0.7457	0.7366	0.7323	0.7374
26	挪威	0.7632	0.7635	0.7585	0.7582	0.7579	0.7567	0.7581	0.7564	0.7597	0.7547	0.7600	0.7666
27	爱沙尼亚	0.7628	0.7621	0.7528	0.7498	0.7499	0.7487	0.7546	0.7472	0.7472	0.7360	0.7312	0.7296
28	新西兰	0.7622	0.7624	0.7568	0.7538	0.7537	0.7518	0.7484	0.7470	0.7464	0.7381	0.7684	0.7656
29	拉脱维亚	0.7610	0.7595	0.7493	0.7502	0.7440	0.7427	0.7390	0.7375	0.7384	0.7287	0.7217	0.7220
30	哥斯达黎加	0.7595	0.7589	0.7458	0.7445	0.7413	0.6963	0.7217	0.7167	0.7186	0.6862	0.6852	0.6868
31	立陶宛	0.7568	0.7568	0.7475	0.7383	0.7220	0.7172	0.7131	0.7095	0.7171	0.7116	0.7134	0.7202
32	芬兰	0.7523	0.7501	0.7442	0.7441	0.7421	0.7427	0.7434	0.7398	0.7401	0.7350	0.7322	0.7321
33	葡萄牙	0.7495	0.7485	0.7411	0.7400	0.7382	0.7383	0.7373	0.7325	0.7367	0.7296	0.7285	0.7286
34	乌拉圭	0.7488	0.7454	0.7365	0.7358	0.7355	0.7351	0.7345	0.7325	0.7308	0.7246	0.7252	0.7274
35	智利	0.7485	0.7491	0.7404	0.7351	0.7359	0.7342	0.7307	0.7320	0.7413	0.7371	0.7450	0.7535
36	尼加拉瓜	0.7459	0.7455	0.7380	0.7377	0.7365	0.7225	0.7218	0.7199	0.7216	0.7163	0.7128	0.7122
37	中国澳门	0.7456	0.7428	0.7322	0.7243	0.7250	0.7251	0.7192	0.7102	0.7180	0.7078	0.7042	0.7038

续表

年份		2019	2018	2017	2016	2015	2014	2013	2012	2011	2010	2009	2008
38	巴拿马	0.7427	0.7440	0.7417	0.7389	0.7426	0.7362	0.7274	0.7273	0.7313	0.7230	0.7196	0.7237
39	秘鲁	0.7423	0.7456	0.7394	0.7250	0.7251	0.7113	0.7125	0.7104	0.7070	0.6842	0.6829	0.6826
40	**中国**	0.7420	0.7392	0.7349	0.7299	0.7268	0.7248	0.7188	0.7107	0.7028	0.6883	0.6747	0.6768
41	巴林	0.7417	0.7431	0.7364	0.7376	0.7356	0.7368	0.7389	0.7347	0.7230	0.7226	0.7169	0.7123
42	斯洛伐克	0.7413	0.7397	0.7328	0.7315	0.7288	0.7266	0.7246	0.7228	0.7238	0.7151	0.7128	0.7071
43	波兰	0.7380	0.7376	0.7298	0.7282	0.7255	0.6965	0.6973	0.6941	0.6957	0.6906	0.6856	0.6876
44	格鲁吉亚	0.7373	0.7345	0.7131	0.7107	0.6987	0.6984	0.6971	0.6797	0.6249	0.6187	0.6428	0.6610
45	特立尼达和多巴哥	0.7368	0.7375	0.7312	0.7469	0.7441	0.7307	0.7310	0.7315	0.7285	0.7155	0.7024	0.6964
46	危地马拉	0.7357	0.7387	0.7294	0.7284	0.7272	0.7129	0.7127	0.7100	0.7119	0.7077	0.7060	0.7073
47	阿曼	0.7356	0.7330	0.7294	0.7277	0.7272	0.7224	0.7231	0.7156	0.7151	0.6989	0.6957	0.6923
48	马来西亚	0.7336	0.7361	0.7277	0.7261	0.7260	0.7289	0.6995	0.6944	0.6947	0.6906	0.7124	0.7422
49	希腊	0.7300	0.7275	0.7163	0.7139	0.7116	0.7372	0.7351	0.7328	0.7328	0.7249	0.7234	0.7243
50	冰岛	0.7296	0.7320	0.7241	0.6953	0.6614	0.6650	0.6675	0.6622	0.6671	0.6567	0.6540	0.6547
51	保加利亚	0.7261	0.7252	0.7433	0.7397	0.7375	0.7379	0.7333	0.7301	0.7321	0.7252	0.7219	0.7232
52	克罗地亚	0.7257	0.7246	0.7150	0.7118	0.7081	0.7057	0.6991	0.6940	0.6942	0.6903	0.6922	0.6923
53	柬埔寨	0.7248	0.7280	0.7223	0.7236	0.7242	0.6981	0.6934	0.6888	0.6813	0.6742	0.6598	0.6563
54	**墨西哥**	0.7222	0.7242	0.7192	0.7161	0.7123	0.7128	0.7117	0.7106	0.7130	0.7075	0.7103	0.7114
55	斯洛文尼亚	0.7219	0.7211	0.7131	0.7115	0.7090	0.7057	0.7023	0.6997	0.7083	0.7070	0.7095	0.7162
56	安提瓜和巴布达	0.7204	0.7212	0.7177	0.7191	0.7172	0.7150	0.7030	0.7021	0.7058	0.6937	0.6714	0.6659
57	约旦	0.7197	0.7217	0.7197	0.7234	0.7221	0.7260	0.7238	0.7235	0.7249	0.7228	0.7234	0.7273
58	毛里求斯	0.7137	0.7141	0.7216	0.7161	0.7177	0.7153	0.7041	0.7117	0.7276	0.7232	0.7136	0.7092
59	萨尔瓦多	0.7119	0.7137	0.7045	0.7023	0.7007	0.6856	0.6854	0.6900	0.6958	0.6967	0.7017	0.7101
60	科威特	0.7039	0.7050	0.6974	0.6943	0.6892	0.6853	0.6828	0.6742	0.6738	0.6758	0.6718	0.6658
61	博茨瓦纳	0.7012	0.7029	0.6888	0.6981	0.6944	0.6932	0.6808	0.6949	0.7003	0.7010	0.6905	0.6853
62	圭亚那	0.7000	0.7030	0.6941	0.7224	0.7195	0.7160	0.7169	0.7169	0.7157	0.7036	0.6858	0.6915
63	罗马尼亚	0.6980	0.6959	0.6878	0.6859	0.6827	0.6815	0.6769	0.6743	0.6766	0.6713	0.6647	0.6614
64	**俄罗斯**	0.6947	0.6953	0.7016	0.7069	0.7153	0.7223	0.7241	0.7113	0.7004	0.6898	0.6735	0.6678
65	哥伦比亚	0.6940	0.6946	0.6790	0.6732	0.6574	0.6392	0.6227	0.6189	0.6153	0.6127	0.6109	0.6379
66	**阿根廷**	0.6880	0.6787	0.6643	0.6590	0.6432	0.6442	0.6424	0.6382	0.6650	0.6599	0.6582	0.6578
67	厄瓜多尔	0.6873	0.6891	0.6852	0.6821	0.6838	0.6444	0.6445	0.6489	0.6545	0.6820	0.6860	0.6920
68	**沙特阿拉伯**	0.6818	0.6827	0.6811	0.6823	0.6843	0.6728	0.6797	0.6766	0.6767	0.6773	0.6704	0.6715
69	蒙古国	0.6813	0.6797	0.6705	0.6706	0.6680	0.6693	0.6717	0.6724	0.6615	0.6501	0.6462	0.6573
70	赞比亚	0.6798	0.6799	0.6750	0.6775	0.6735	0.6806	0.6820	0.6852	0.6850	0.6805	0.6728	0.6687

续表

年份		2019	2018	2017	2016	2015	2014	2013	2012	2011	2010	2009	2008
71	多米尼加	0.6796	0.6810	0.6693	0.6599	0.6631	0.6714	0.6720	0.6774	0.6843	0.6861	0.6644	0.6631
72	巴拉圭	0.6746	0.6736	0.6658	0.6652	0.6641	0.6637	0.6650	0.6637	0.6719	0.6739	0.6759	0.6800
73	乌干达	0.6719	0.6714	0.6661	0.6638	0.6664	0.6711	0.6692	0.6695	0.6688	0.6661	0.6618	0.6650
74	巴巴多斯	0.6708	0.6731	0.6643	0.6658	0.6624	0.6544	0.6540	0.6559	0.6567	0.6414	0.6230	0.6153
75	越南	0.6704	0.6700	0.6659	0.6616	0.6583	0.6560	0.6530	0.6511	0.6483	0.6457	0.6392	0.6414
76	**印度尼西亚**	0.6668	0.6696	0.6571	0.6592	0.6587	0.6614	0.6586	0.6585	0.6523	0.6765	0.6673	0.6681
77	北马其顿	0.6666	0.6669	0.6646	0.6638	0.6652	0.6637	0.6607	0.6644	0.6657	0.6631	0.6657	0.6653
78	洪都拉斯	0.6634	0.6672	0.6584	0.6560	0.6544	0.6382	0.6361	0.6344	0.6366	0.6304	0.6551	0.6913
79	亚美尼亚	0.6631	0.6637	0.6614	0.6573	0.6707	0.6734	0.6746	0.6728	0.6755	0.6731	0.6720	0.6681
80	菲律宾	0.6630	0.6645	0.6631	0.6611	0.6621	0.6642	0.6322	0.6357	0.6286	0.6286	0.6464	0.6461
81	阿尔巴尼亚	0.6624	0.6630	0.6595	0.6564	0.6553	0.6533	0.6542	0.6632	0.6667	0.6432	0.6150	0.6140
82	巴布亚新几内亚	0.6583	0.6607	0.6453	0.6449	0.6727	0.6756	0.6806	0.6776	0.6784	0.6633	0.6529	0.6437
83	泰国	0.6546	0.6565	0.6524	0.6499	0.6491	0.6508	0.6463	0.6486	0.6401	0.6247	0.6295	0.6552
84	**印度**	0.6524	0.6537	0.6450	0.6452	0.6476	0.6499	0.6507	0.6435	0.6429	0.6370	0.6308	0.6256
85	冈比亚	0.6518	0.6523	0.6515	0.6511	0.6548	0.6577	0.6543	0.6564	0.6555	0.6546	0.6530	0.6497
86	乌克兰	0.6491	0.6528	0.6287	0.6269	0.6180	0.6159	0.6139	0.6144	0.6110	0.6068	0.6014	0.6156
87	牙买加	0.6483	0.6493	0.6506	0.6755	0.6790	0.6791	0.6792	0.6782	0.6828	0.6801	0.6812	0.6936
88	摩洛哥	0.6471	0.6470	0.6445	0.6414	0.6375	0.6348	0.6335	0.6374	0.6336	0.6323	0.6340	0.6325
89	吉尔吉斯斯坦	0.6430	0.6439	0.6386	0.6392	0.6122	0.6174	0.6166	0.6243	0.6684	0.6670	0.6640	0.6662
90	**南非**	0.6422	0.6458	0.6337	0.6329	0.6318	0.6339	0.6333	0.6323	0.6319	0.6280	0.6356	0.6401
91	**土耳其**	0.6420	0.6415	0.6658	0.6646	0.6658	0.6649	0.6628	0.6606	0.6596	0.6561	0.6525	0.6498
92	埃及	0.6410	0.6448	0.6441	0.6179	0.6189	0.6201	0.6202	0.6542	0.6854	0.6918	0.6993	0.7084
93	黎巴嫩	0.6400	0.6422	0.6389	0.6417	0.6413	0.6723	0.6723	0.6684	0.6713	0.6724	0.6724	0.6729
94	摩尔多瓦	0.6385	0.6403	0.6337	0.6363	0.6267	0.6260	0.6022	0.6013	0.5997	0.5982	0.5990	0.6051
95	伯利兹	0.6382	0.6394	0.6361	0.6369	0.6367	0.6311	0.6292	0.6292	0.6292	0.6169	0.6042	0.6070
96	肯尼亚	0.6358	0.6352	0.6364	0.6361	0.6386	0.6427	0.6452	0.6461	0.6490	0.6494	0.6491	0.6465
97	玻利维亚	0.6355	0.6361	0.6336	0.6398	0.6418	0.6526	0.6513	0.6495	0.6477	0.6485	0.6564	0.6642
98	莱索托	0.6329	0.6344	0.6220	0.6200	0.6148	0.6165	0.6176	0.6139	0.6123	0.6160	0.6095	0.6064
99	**巴西**	0.6284	0.6348	0.6303	0.6325	0.6348	0.6632	0.6660	0.6604	0.6635	0.6659	0.6680	0.6704
100	突尼斯	0.6283	0.6271	0.6267	0.6238	0.6285	0.6311	0.6329	0.6266	0.6271	0.6286	0.6221	0.6252
101	萨摩亚	0.6258	0.6253	0.6176	0.6172	0.6152	0.6115	0.6099	0.6086	0.6098	0.6073	0.6042	0.6024
102	老挝	0.6246	0.6264	0.6228	0.6213	0.6216	0.6225	0.6175	0.6185	0.6065	0.6021	0.5927	0.5907
103	阿塞拜疆	0.6245	0.6249	0.6276	0.6290	0.6236	0.6215	0.6193	0.6193	0.6127	0.6021	0.5939	0.6142

续表

年份		2019	2018	2017	2016	2015	2014	2013	2012	2011	2010	2009	2008
104	佛得角	0.6215	0.6225	0.5899	0.5569	0.5560	0.5577	0.5568	0.5585	0.5599	0.5579	0.5559	0.5564
105	津巴布韦	0.6214	0.6203	0.6185	0.6186	0.6263	0.6039	0.5981	0.6233	0.6333	0.6243	0.5943	0.5923
106	波黑	0.6180	0.6293	0.6219	0.6194	0.6236	0.6271	0.6509	0.6583	0.6727	0.6517	0.6355	0.6525
107	莫桑比克	0.6170	0.6218	0.6144	0.6163	0.6100	0.6161	0.6154	0.6147	0.6035	0.6005	0.5994	0.5975
108	苏丹	0.6166	0.6168	0.6134	0.5856	0.5831	0.5856	0.5801	0.5722	0.5634	0.5555	0.5474	0.5629
109	哈萨克斯坦	0.6163	0.6159	0.6144	0.6109	0.6054	0.6068	0.6051	0.6053	0.6038	0.5989	0.5994	0.5982
110	斐济	0.6160	0.6213	0.6149	0.6183	0.6198	0.6218	0.6242	0.6230	0.6198	0.6124	0.6091	0.6126
111	孟加拉国	0.6155	0.6167	0.6128	0.6115	0.6138	0.6139	0.6113	0.6088	0.6122	0.6098	0.6081	0.6097
112	尼日利亚	0.6144	0.6150	0.6118	0.6112	0.6116	0.6206	0.6205	0.6198	0.6204	0.6220	0.6200	0.6172
113	纳米比亚	0.6129	0.6148	0.6065	0.6046	0.6061	0.6067	0.6039	0.6033	0.6025	0.6042	0.5945	0.5917
114	白俄罗斯	0.6095	0.6117	0.6067	0.6043	0.5848	0.5839	0.5999	0.6027	0.6013	0.5964	0.5919	0.5932
115	阿尔及利亚	0.6074	0.6075	0.6079	0.6107	0.6106	0.6094	0.6105	0.6083	0.6094	0.6119	0.6091	0.6033
116	马达加斯加	0.6058	0.6056	0.6051	0.6028	0.6264	0.6297	0.6230	0.6058	0.6060	0.6022	0.6237	0.6184
117	加纳	0.6045	0.6017	0.5829	0.5879	0.5873	0.5858	0.5847	0.5898	0.6052	0.6032	0.6021	0.6008
118	马里	0.6045	0.6040	0.6012	0.6048	0.6032	0.6037	0.6038	0.6013	0.5997	0.5993	0.5960	0.5981
119	巴基斯坦	0.6042	0.6052	0.6040	0.6032	0.6040	0.6070	0.6062	0.6073	0.6067	0.6076	0.6039	0.6009
120	斯里兰卡	0.5983	0.5980	0.5988	0.5997	0.6007	0.5967	0.5933	0.6241	0.6275	0.6258	0.6238	0.6254
121	刚果（布）	0.5961	0.5947	0.5960	0.5933	0.5944	0.5854	0.5827	0.5815	0.5850	0.5884	0.5918	0.5848
122	马拉维	0.5909	0.5917	0.5898	0.5890	0.5848	0.5892	0.5885	0.5676	0.5668	0.5666	0.5646	0.5777
123	埃塞俄比亚	0.5885	0.5894	0.5851	0.5848	0.5821	0.5917	0.5946	0.5904	0.5921	0.5907	0.5850	0.5822
124	坦桑尼亚	0.5867	0.5869	0.5857	0.5987	0.5965	0.6038	0.6029	0.6031	0.6016	0.5942	0.5914	0.5930
125	科特迪瓦	0.5843	0.5828	0.5735	0.5754	0.5749	0.5793	0.5804	0.5819	0.5797	0.5817	0.5812	0.5823
126	尼泊尔	0.5785	0.5813	0.5784	0.5793	0.5789	0.5810	0.5661	0.5755	0.5721	0.5743	0.5739	0.3132
127	布隆迪	0.5723	0.5720	0.5710	0.5697	0.5690	0.5716	0.5729	0.5728	0.5699	0.5686	0.5640	0.5671
128	加蓬	0.5709	0.5705	0.5676	0.5679	0.5679	0.5676	0.5692	0.5659	0.5641	0.5617	0.5602	0.5555
129	中非共和国	0.5508	0.5500	0.5488	0.5513	0.5491	0.5504	0.5519	0.5489	0.5494	0.5518	0.5495	0.5470

二　对外开放理论模型

基于Costinot和Rodríguez-Clare（2014）对各种前沿主流跨境贸易模型的总结，经济体i的产品在经济体j的价格p_{ij}可表示为：

$$p_{ij} = \tau_{ij} c_i^p \times \left(\left(\frac{E_j}{c_{ij}^x} \right)^{\frac{\delta}{1-\sigma}} \frac{\tau_{ij} c_i^p}{P_j} \right)^{\eta} \times \left(\frac{R_i}{c_i^e} \right)^{\frac{\delta}{1-\sigma}} \times \zeta_{ij} \tag{1}$$

其中，τ_{ij}为经济体i和j的双边可变贸易成本，c_i^p、c_{ij}^x、c_i^e分别代表投入价格对生产成本、出口成本和市场进入成本的影响，E_j、R_i分别为经济体j的总支出和i的总收入，P_j为j的价格指数，即$P_j = (\Sigma_\omega p_j(\omega)^{1-\sigma} \omega d\omega)^{1/(1-\sigma)}$，$\sigma$为CES效用函数的替代弹性。$\delta$根据市场结构的设定不同取值：当市场结构为垄断竞争时取1，当市场结构为完全竞争时取0。η代表产品的差异程度，当不存在企业异质性时取0。ζ_{ij}为不包含可变贸易成本的结构参数的函数，在本模型中，$\zeta_{ij} =(\frac{\tilde{\sigma}}{\eta\sigma})^{1/(1-\sigma)}(\frac{\sigma f_{ij}}{\tilde{\sigma}})^{\eta/(\sigma-1)}(f_i^e)^{1/(\sigma-1)} = \zeta_{ij}(f_{ij}, f_i^e)$，其中$\tilde{\sigma} = (\frac{\sigma}{\sigma-1})^{1-\sigma}$，$f_{ij}$为经济体$i$进入经济体$j$的固定成本，$f^e_i$为$i$国的进入成本。因此$\zeta_{ij}(f_{ij}, f_i^e)$是$f_{ij}$和$f^e_i$的增函数。

上述模型中的部分变量不直接同跨境开放相关，比如经济体的总支出E_j或总收入R_i或价格指数P_j，尽管很重要，但并不是本报告关注的焦点。这里关注同跨境开放直接相关的变量。为测度多领域的跨境开放，本报告基于这些变量做出如下假设。

（一）贸易开放

关税率、非关税措施等贸易政策的影响可以体现在双边贸易成本τ_{ij}。贸易开放不但包含对最终品的开放，还包括对中间品的开放，后者不但影响跨境贸易，更明显促进贸易伙伴的经济发展。为此，本文假设生产中包含中间品贸易，所有产出均可以成为最终使用品和中间投入品。一个经济体的最终使用品和中间投入品可以是本经济体境内产品，也可以是境外产品，境外产品的贸易成本统一为t。参考Costinot 和 Rodríguez-Clare（2014）[①]、Caliendo 和 Parro（2015）[②]等的研究，行业s的生产成本$c_{i,s}^p$可以表示为柯布－道格拉斯函数形式：

$$c_{i,s}^p = Y_i^{1-\alpha_{is}} \prod_{k=1}^{S} P_{i,k}^{\alpha_{iks}} = Y_i^{1-\alpha_{is}} \prod\nolimits_D P_{i,k}^{\alpha_{iks}} \prod\nolimits_F (t_i P_{ik})^{\alpha_{iks}} = c_{i,s}^p(t_{ij}) \qquad (2)$$

① Costinot. A. and Rodríguez-Clare, A., "Trade theory with numbers: Quantifying the consequences of globalization", *Handbook of international economics*, Elsevier, 4, pp.197-261, 2014.

② Caliendo., L. and Parro, F., "Estimates of the Trade and Welfare Effects of NAFTA", *The Review of Economic Studies*, Vol.82, No.1, pp.1-44, 2015.

其中，Y_i为经济体i的总收入，α_{is}和α_{iks}为生产函数的参数，满足$\alpha_{is}=\Sigma_{k=1}^{s}\alpha_{iks}$，$t_i$为中间品进口的可变贸易成本，$P_{ik}$为$k$行业的价格指数，中间品投入可以分为国内部分和国外部分，分别属于集合D和F，由此可知，$c_{i,s}^{p}(t_i)$为中间品贸易开放程度t_i的增函数。此外，假设生产、出口和进入使用的成本是同质的，同时假设$c_{i,s}^{x}$和$c_{i,s}^{e}$不采用中间品，因此和t_{ij}无关。τ_{ij}为经济体i向经济体j出口时产生的贸易成本，受东道经济体j的贸易政策影响较大，而t_i则为经济体i使用境外中间品的贸易成本，受经济体i自身的贸易政策影响较大。

（二）投资开放

投资开放可以分为对境外来资的开放和到境外投资的开放。引进外资既能够缓解资金紧张，更通过竞争效应和技术、管理手段的“溢出效应”，提升东道经济体企业的生产率。对外投资的主要作用也是充分利用境外资源，提升国际竞争力。因此，投资开放程度主要对技术参数产生影响，令投资开放参数为fdi，则$A_i=A_i(dif,\ fdi)$，是fdi的增函数。

（三）金融开放

由金融制度不完善所造成的融资约束，是企业生产和国际化经营的严重制约因素。金融开放可以降低企业出口、对外投资的融资成本，可以明显促进那些需要巨大固定成本的国际化行为。无论是理论模型[①]还是实证研究[②]，均强调金融制度对企业出口固定成本的影响。因此本报告将金融开放指标fin设定为影响企业出口固定成本的因素，出口成本$f_{ij}(fin)$是fin的减函数。

① Muûls, M., “Exporters and credit constraints: A firm-level approach”, NBB Working Paper No. 139, 2008.

② 于洪霞、龚六堂、陈玉宇:《出口固定成本融资约束与企业出口行为》,《经济研究》2011年第4期，第55-67页。

（四）技术开放

在前文中，工资被标准化为1，在这里本文引入有效生产成本概念，令$\widetilde{c_{i,s}^{p}}=\frac{c_{i,s}^{p}}{A_i}$，其中$\widetilde{c_{i,s}^{p}}$为有效生产成本，$A_i$为技术参数，为全要素生产率的概念，知识和技术的开放能够使一国使用全球的先进技术，尤其对于以中国为代表的后发国家，具有相当重要的意义，令技术扩散程度的参数为dif，则$A_i(dif)$为技术扩散参数dif的增函数。

（五）制度开放

区别于商品要素流动型开放，制度开放致力于消除国际经贸往来的制度障碍，营造良好营商环境，提升制度质量。制度质量对企业生产经营的影响，在制度经济学中有“契约理论”和“产权理论”两种理论框架，而这两种理论框架在引入国际贸易的基本模型时，均可以被处理成一个“制度成本”的变量，进入企业决策的可变成本之中①。因此，本报告引入制度成本Γ_i，该变量为一系列衡量契约完善程度和产权保护力度的参数所构成的结构变量，以分母的形式构成企业生产的可变成本，即$\frac{1}{\Gamma_i}$。

综合以上5个假设，跨境贸易品的价格最终可以表示为：

$$p_{ij}=\tau_{ij}\frac{c_i^p(t_i)}{A_i(dif,fdi)}\times\left(\left(\frac{E_j}{c_{ij}^x}\right)^{\frac{\delta}{1-\sigma}}\frac{\tau_{ij}\frac{c_i^p(t_i)}{A_i(dif,fdi)}}{P_j}\right)^{\eta}\times\left(\frac{R_i}{c_i^e}\right)^{\frac{\delta}{1-\sigma}}\times\zeta_{ij}\left(f_{ij}(fin),f_i^e\right)\times\frac{1}{\Gamma_i} \tag{3}$$

该式取对数并对关键变量全微分后得到下式：

$$dlnp_{ij}=\frac{1}{\tau_{ij}}d\tau_{ij}+\frac{1+\eta}{c_i^p(t_i)}\frac{\partial c_i^p(t_i)}{\partial t_i}dt_i-\frac{1+\eta}{A_i(dif,fdi)}\frac{\partial A_i(dif,fdi)}{\partial dif}ddif$$
$$-\frac{1+\eta}{A_i(dif,fdi)}\frac{\partial A_i(dif,fdi)}{\partial fdi}dfdi+\frac{\frac{\partial\zeta_{ij}(f_{ij}(fin),f_i^e)}{\partial f_{ij}(fin)}\times\frac{\partial f_{ij}(fin)}{\partial fin}}{\zeta_{ij}(f_{ij}(fin),f_i^e)}dfin-\frac{1}{\Gamma_i}d\Gamma_i \tag{4}$$

① Antràs, P. and Yeaple, S., “Multinational firms and the structure of international trade”, *Handbook of international economics,* Elsevier, No.4, pp.55–130, 2014.

其中$\frac{1}{\tau_{ij}}d\tau_{ij}$，为最终品贸易开放的影响，$\frac{1+\eta}{c_i^p(t_i)}\frac{\partial c_i^p(t_i)}{\partial t_i}dt_i$为中间品贸易开放的影响，$\frac{1+\eta}{A_i(dif, fdi)}\frac{\partial A_i(dif, fdi)}{\partial dif}ddif$为技术开放的影响，$\frac{1+\eta}{A_i(dif, fdi)}\frac{\partial A_i(dif, fdi)}{\partial fdi}dfdi$为投资开放的影响，$\frac{\frac{\partial \zeta_{ij}(f_{ij}(fin), f_i^e)}{\partial f_{ij}(fin)} \times \frac{\partial f_{ij}(fin)}{\partial fin}}{\zeta_{ij}(f_{ij}(fin), f_i^e)}dfin$为金融开放的影响，$\frac{1}{\Gamma_i}d\Gamma_i$为制度质量和制度开放的影响。

三 指标缺失数值的处理

（一）对于一国在整样本期只有一个年份有数值的情况，所有年份均取这一数值。

（二）对于一国在整个样本期有一个以上不间断年份有数值的情况，按照就近原则将其他年份数据补齐。如，只有2011年和2012年有数值时，2011年之前的年份取2011年的数值，2012年之后的年份取2012年的数值。

（三）对于一国在整个样本期有一个以上年份有数值，且存在间断的情况，两个间断年份之间也同样按照就近原则取值（如，只有2011年和2014年有数值时，2012年取2011年的数值，2013年取2014年的数值）；当间断年份为奇数时，最中间的年份取两端的平均值（如，只有2011年和2015年有数值时，2012年取2011年的数值，2014年取2015年的数值，而2013年取2011年和2015年数值的平均值）。

（四）对于一国在整个样本期都没有取值的，根据该国的经济发展状况、社会文化状况、制度特征和地理特征，选取和其最为接近的其他国家，以相似国家的取值将该国的缺失值补齐。

四 指标的去量纲计算

（一）原则

去量纲是基础指标数据处理的必要步骤，坚持如下原则：按经济学供给和需求原理来设计处理方法。

对外开放为双向开放。其一，内向开放，即经济体A向境外经济体开放自己的市场，满足A自身的需求，表现为经济体A从其他经济体输入商品、资金、技术、人员等。其二，外向开放，其他经济体向经济体A开放的市场，满足境外经济体的需求，表现为经济体A向境外经济体输入商品、资金、技术、人员等。

该原则本质上是基于市场供给和市场需求对开放指标去量纲。其一，经济体A的内向开放指标的数值如果为绝对值，就除以该经济体该指标的总值。其二，经济体A的外向开放指标的数值如果为绝对值，就除以该指标的全球总值扣除经济体A之后的数值。本报告规定，经济价值类开放指标的“相应总量指标”为GDP，人头类开放指标的“相应总量指标”为总人口，余者类推。

（二）具体方法

1.以价值衡量的流出值

这类指标包括货物出口、服务出口、外商直接投资、对外证券投资、知识产权出口、文化品出口等6个指标。

计算公式如下：

$$y_{it} = \frac{x_{it}}{\sum_{j \neq i} GDP_{jt}} \tag{5}$$

其中，y_{it}为t时期i国指标的最终值，x_{it}为指标的原始值，$\sum_{j \neq i} GDP_{jt}$为除本国之外世界其他国家GDP的加总。

2.以价值衡量的流入值

这类指标包括货物进口、服务进口、对外直接投资、外来证券投资、知识产权进口、文化品进口等6个指标。

计算公式如下：

$$y_{it} = \frac{x_{it}}{GDP_{it}} \tag{6}$$

其中，y_{it}为t时期i国指标的最终值，x_{it}为指标的原始值，GDP_{it}为本国GDP。

3. 以人口衡量的流出值

这类指标包括出境游客、出境留学生、出境移民等3个指标。

计算公式如下：

$$y_{it}=\frac{x_{it}}{\sum_{j\neq i}POP_{jt}} \tag{7}$$

其中，y_{it}为t时期i国指标的最终值，x_{it}为指标的原始值，$\sum_{j\neq i}POP_{jt}$为除本国之外世界其他国家人口的加总。

4. 以人口衡量的流入值

这类指标包括入境游客、入境留学生、入境移民等3个指标。

计算公式如下：

$$y_{it}=\frac{x_{it}}{POP_{it}} \tag{8}$$

其中，y_{it}为t时期i国指标的最终值，x_{it}为指标的原始值，POP_{it}为本国人口。

5. 专利申请

包括在居民在境外申请专利和国外居民在数据报告经济体境内申请专利2个指标。

居民在境外申请专利（patex）计算公式如下：

$$patex_{it}=\frac{abroad_{it}}{\sum_{j\neq i}(resi_{jt}+nonr_{jt})} \tag{9}$$

其中，$abroad_{it}$为i国t年份在国外申请专利数，$\sum_{j\neq i}(resi_{jt}+nonr_{jt})$为除$i$国之外其他国家的专利申请总数（$resi_{jt}$为本国居民在本国申请专利数，$nonr_{jt}$为国外居民在$j$国申请专利数）。

国外居民在数据报告经济体境内申请专利（patim）计算公式如下：

$$patim_{it}=\frac{nonr_{it}}{resi_{it}+nonr_{it}} \tag{10}$$

其中，$nonr_{it}$为国外居民在本国申请专利数，$resi_{it}+nonr_{it}$为本国专利申请总数。

6. 科学文献的国际引用

包括paper这1个指标。计算公式如下：

$$paper_{it}=\frac{Citations_{it}-Selfcitations_{it}}{\sum_j Documents_{jt}} \quad (11)$$

其中，$Citations_{it}$为i国t年份科学文献引用总数，$Selfcitations_{it}$为自引次数，$\sum_j Documents_{jt}$为除i国之外其他国家科学文献总数。

7. 贸易和投资协定的对外开放指标

包括自贸协定和投资协定共2个指标。

计算公式如下：

$$T_{it}=\sum_p T_{ipt}\frac{GDP_{pt}}{\sum_{j\neq i} GDP_{jt}} \quad (12)$$

其中，T_{it}为i国t年份贸易或投资协定开放度指标，GDP_{pt}为签约伙伴的GDP，$\sum_{j\neq i} GDP_{jt}$为除i国之外其他国家GDP的总和，T_{ipt}为虚拟变量，当i国和p国的协议在t年份有效力时取1，否则取0。

8. 贸易和投资协定的对内开放指标

包括自贸协定和投资协定共2个指标。

计算公式如下：

$$T_{it}=\frac{GDP_{it}}{\sum_p T_{ipt}\times GDP_{pt}} \quad (13)$$

其中，T_{it}为i国t年份贸易或投资协定开放度指标，GDP_{it}为本国GDP，GDP_{pt}为签约伙伴的GDP，T_{ipt}为虚拟变量，当i国和p国的协议在t年份有效力时取1，否则取0。

9. 非关税贸易壁垒

包括非关税措施这1项指标。

计算公式如下：

$$X_{it}=ntb_{it}\times hs_{it} \quad (14)$$

其中，X_{it}为i国在t年份非关税壁垒指标，ntb_{it}为非关税措施数量，hs_{it}为涉及产品数量。

10.不需进行额外处理的指标

包括加权关税税率、金融开放指数、护照便利指数等3个指标。

（三）指标的中心化处理

为实现标准指标量纲的一致性，对各项指标进行如下处理：

$$y_{it}=\frac{x_{it}-min(x)}{max(x)-min(x)} \tag{15}$$

其中，y_{it}为i国t年份中心化之后的指标，x_{it}为中心化之前的指标，$max(x)$为整个样本期内x指标的最大值，$min(x)$为整个样本期内x指标的最小值。

对于部分反向指标，如加权关税水平、非关税措施等，取值越大则开放度越小的，采取如下计算方式：

$$y_{it}=1-\frac{x_{it}-min(x)}{max(x)-min(x)} \tag{16}$$

这一计算方法将所有指标投射于[0,1]。

五　对外开放测度结果

（一）纳入测算的经济体129个

本指数覆盖129个经济体，时序为2008—2019年，这是各指标基础数据的如下可得性决定的。

其一，指标体系中各指标的原始数据时序参差不齐，部分指标的数据最早始于2008年，致使综合指数的时序不能追溯到更早的年份。

其二，2008—2019年，并非所有经济体所有指标都有完备的原始数据，即使应用缺失数据的前述处理办法，仍有部分经济体因部分指标无法获得必要的原始数据而不能被纳入测算样本。

（二）开放指数数值的属性

本报告基于前述理论、方法和数据计算而来的开放指数，具有如下特点。

指数数值介于0和1（含0和1）之间。指数值越大，表示开放度越高，反之则越低。

指数数值具有跨时空可比性。同一年份不同经济体的指数数值之间，同一经济体不同年份的指数数值之间，不同经济体不同年份的指数数值之间，均具有可比性。

在分析各经济体基于指数数值的开放度排名动态时，宜结合指数数值一起进行，以得到科学的结论。

（三）对指数数值的解读

本指数时序仅限于2008—2019年，很可能不足以支持各经济体长期开放趋势的观察、分析和研判。

所以，对基于本指数现有时序的开放度趋势结论，同开放度理论基于长时序的推论可能不一致，读者需要谨慎解读，尤其是外推基于本时序的结论时更应特别谨慎。

更重要的是，在通过基于开放指数的全球排名来评判开放的合意度时，要严谨结合经济、社会、文化发展理论、各经济体的发展阶段、发展路径选择等异质性情形。毕竟，开放只是影响人类社会发展的诸多因素之一，其对不同经济体或不同时段的发展效应自然存在多样性。

（四）对外开放指数与其他指数的比较

测度各经济体诸方面表现的全球知名指数较多，本报告选取了主题受关注度最高且权威性较强的如下六大代表性指数榜单同本榜单进行比较：KOF全球化指数，人文发展指数（HDI），营商指数，全球竞争力指数，经济自由度指数，全球创新指数。具体情况如附录C所示，其中本报告研发的开放指数为2019年，其余指数数值均为2017年。

本榜单所关注的129个经济体在上述七大指数中的表现显示，很少经济体在七大指数榜单中的位次会完全接近。这至少说明如下特点。其一，各指数测度的主题互有差异，较少重叠。其二，各指数对各自主题的概念、理论、测度方法、数据处理等方面存在差异，导致同一经济体在同一主题同一时点的测度结果都可能存在差异。其三，各经济体的在这些主题上的表现并非高度一致："全能"经济体、"全无能"经济体或"全中庸"经济体毕竟只是少数，多数经济体仅在其中部分主题表现较好或较不好。

附录C　对外开放指数排位：同其他六大指数（2017年）的比较
（以世界开放指数为序）

	世界开放指数（2018年）	KOF全球化指数	人文发展指数（UNDP）	营商指数（WB）	全球竞争力指数（WEF）	经济自由度指数（传统基金会）	全球创新指数（WIPO）
排名经济体（个）	129	201	201	191	153	184	201
新加坡	1	19	9	37	3	89	6
中国香港	2	69	5	3	6	90	16
德国	3	8	4	18	5	74	9
爱尔兰	4	17	3	16	24	77	10
瑞士	5	1	2	173	1	82	1
英国	6	5	15	6	8	76	5
法国	7	10	26	32	22	63	15
加拿大	8	16	13	19	14	79	18
荷兰	9	2	10	1	4	76	3
马耳他	10	39	28	145	37	68	26
意大利	11	22	29	49	43	63	29
比利时	12	3	17	45	19	68	27
以色列	13	41	22	39	16	70	16
澳大利亚	14	25	5	15	21	81	23
韩国	15	34	22	5	26	74	11
塞浦路斯	16	35	31	47	63	68	30

	世界开放指数（2018年）	KOF全球化指数	人文发展指数（UNDP）	营商指数（WB）	全球竞争力指数（WEF）	经济自由度指数（传统基金会）	全球创新指数（WIPO）
西班牙	17	12	25	101	34	64	28
捷克	18	13	27	31	31	73	24
美国	19	23	15	10	2	75	4
奥地利	20	7	20	22	18	72	19
瑞典	21	4	7	30	7	75	2
挪威	22	11	1	62	11	74	19
丹麦	23	6	11	4	12	75	6
新西兰	24	38	14	130	13	84	21
爱沙尼亚	25	18	30	12	29	79	25
匈牙利	26	14	44	53	59	66	39
拉脱维亚	27	32	39	13	54	75	33
日本	28	36	19	24	9	70	14
哥斯达黎加	29	53	68	63	47	65	52
立陶宛	30	29	34	59	41	76	40
卢森堡	31	21	21	170	19	76	12
芬兰	32	9	12	17	9	74	8
智利	33	40	42	52	33	77	46
葡萄牙	34	15	40	57	42	63	31
秘鲁	35	60	84	104	72	69	70
尼加拉瓜	36	97	123	149	92	59	–
乌拉圭	37	47	58	87	76	70	67
巴拿马	38	48	66	103	50	66	63
巴林	39	62	45	61	43	69	66
中国澳门	40	133	–	–	–	71	–
斯洛伐克	41	20	37	34	59	66	34
中国	42	81	85	80	27	57	22
危地马拉	43	88	125	88	84	63	97
波兰	44	26	33	28	39	68	38
特立尼达和多巴哥	45	79	63	69	83	61	91
马来西亚	46	27	61	139	23	74	37

续表

	世界开放指数（2018年）	KOF全球化指数	人文发展指数（UNDP）	营商指数（WB）	全球竞争力指数（WEF）	经济自由度指数（传统基金会）	全球创新指数（WIPO）
格鲁吉亚	47	42	70	11	67	76	68
阿曼	48	90	47	138	62	62	77
冰岛	49	54	7	21	28	74	13
柬埔寨	50	103	142	136	94	60	101
希腊	51	24	31	66	87	55	44
保加利亚	52	31	51	50	49	68	36
克罗地亚	53	28	46	48	73	59	41
墨西哥	54	51	75	51	50	64	57
约旦	55	46	98	116	63	67	83
安提瓜和巴布达	56	101	73	105	–	–	–
斯洛文尼亚	57	30	24	127	48	59	32
毛里求斯	58	52	66	46	45	75	64
萨尔瓦多	59	73	122	86	109	64	103
科威特	60	57	57	100	52	65	56
圭亚那	61	126	121	119	–	59	–
博茨瓦纳	62	113	97	68	63	70	88
罗马尼亚	63	33	51	36	67	70	42
俄罗斯	64	49	49	35	38	57	44
哥伦比亚	65	82	77	60	66	70	64
厄瓜多尔	66	96	83	113	97	49	92
沙特阿拉伯	67	78	36	146	30	64	55
多米尼加共和国	68	74	91	112	103	63	79
赞比亚	69	110	141	153	118	56	124
蒙古国	70	77	94	54	100	55	52
阿根廷	71	70	48	115	92	50	76
巴拉圭	72	89	98	64	112	62	85
巴巴多斯	73	93	51	111	–	55	–
乌干达	74	128	157	70	114	61	101
越南	75	84	116	123	55	52	47

续表

	世界开放指数（2018年）	KOF全球化指数	人文发展指数（UNDP）	营商指数（WB）	全球竞争力指数（WEF）	经济自由度指数（传统基金会）	全球创新指数（WIPO）
印度尼西亚	76	87	110	79	36	62	87
洪都拉斯	77	91	130	121	96	59	104
北马其顿	78	–	–	8	–	–	–
菲律宾	79	72	105	25	56	66	73
亚美尼亚	80	66	80	55	73	70	59
阿尔巴尼亚	81	71	69	82	75	64	93
巴布亚新几内亚	82	140	152	110	–	51	–
泰国	83	50	76	131	32	58	50
印度	84	95	127	120	39	53	60
乌克兰	85	43	87	27	81	48	50
冈比亚	86	136	175	154	117	53	–
牙买加	87	75	96	65	70	70	84
摩洛哥	88	59	119	140	71	62	72
南非	89	61	110	184	61	62	57
埃及	90	76	115	124	100	53	105
吉尔吉斯斯坦	91	85	120	91	100	61	95
黎巴嫩	92	67	93	128	105	53	81
土耳其	93	56	59	114	53	65	43
摩尔多瓦	94	64	105	67	89	58	54
伯利兹	95	106	102	125	–	59	–
玻利维亚	96	105	113	147	–	48	106
肯尼亚	97	115	145	85	91	54	80
巴西	98	100	77	126	78	53	69
莱索托	99	153	161	109	130	54	–
波黑	100	63	74	76	103	60	86
突尼斯	101	68	90	56	94	56	74
老挝	102	170	137	150	97	54	–
萨摩亚	103	137	109	89	–	58	–
阿塞拜疆	104	80	86	81	35	64	81

续表

	世界开放指数（2018年）	KOF全球化指数	人文发展指数（UNDP）	营商指数（WB）	全球竞争力指数（WEF）	经济自由度指数（传统基金会）	全球创新指数（WIPO）
佛得角	105	122	126	134	110	57	–
莫桑比克	106	125	177	171	136	50	107
斐济	107	107	101	92	–	63	–
津巴布韦	108	146	150	–	124	44	121
苏丹	109	180	165	155	–	49	–
孟加拉国	110	145	133	174	97	55	114
哈萨克斯坦	111	83	51	38	56	69	78
尼日利亚	112	114	154	141	125	57	119
纳米比亚	113	104	127	108	89	63	97
白俄罗斯	114	65	50	43	–	59	88
阿尔及利亚	115	112	80	161	86	47	108
马达加斯加	116	151	159	135	121	57	109
巴基斯坦	117	130	148	142	115	53	113
马里	118	157	181	77	123	59	118
加纳	119	98	139	107	111	56	–
斯里兰卡	120	102	72	129	84	57	90
刚果共和国	121	124	133	178	–	40	–
马拉维	122	152	169	23	132	52	115
埃塞俄比亚	123	175	170	167	108	53	109
坦桑尼亚	124	144	157	42	112	59	95
科特迪瓦	125	–	–	–	–	–	–
尼泊尔	126	155	145	33	87	55	109
布隆迪	127	186	182	163	129	53	122
加蓬	128	131	113	168	–	59	–
中非共和国	129	187	184	186	–	52	–
与世界开放指数的相关系数	1	0.808	0.809	0.510	0.787	–0.752	0.831